# Jo-Jo 1

## Fibel
### Arbeitsheft Fördern
Druckschrift

erarbeitet von der Redaktion Grundschule

 **Deine interaktiven Gratis-Übungen** findest du hier:

1. Gehe auf scook.de.
2. Gib den unten stehenden Zugangscode in die Box ein.
3. Hab viel Spaß mit deinen Gratis-Übungen.

Dein Zugangscode auf
**www.scook.de** | ogwc-7b-jvrs

**Cornelsen**

# Jo-Jo 1

## Fibel
### Arbeitsheft
Druckschrift

**Erarbeitet von**
Redaktion Grundschule

**Unter Beratung von**
Anna Marie Holz (Herdorf), Stefanie Marx (Freudenberg), Kerstin Metz (Ludwigsburg), Matthias Meyenburg (Rottweil), Katja Simon (Rodgau)

**Redaktion**
Hannah Böhm, Kirsten Pauli, Laura Potisch

**Illustrationen**
Manuela Ostadal, Barbara Jung, Imke Sönnichsen, Gabriele Heinisch
Euro/Euro-Cent: Cornelsen Verlag/Manuela Ostadal/Deutsche Bundesbank, Luc Luycx aus Belgien

**Umschlagillustration**
Dorothee Mahnkopf

**Gesamtgestaltung**
Heike Börner, orangerie-grafikdesign

**Layout und technische Umsetzung**
Reemers Publishing Services GmbH

**Bildquellen**
S. 80/1 stock.adobe.com/Mario, S. 80/2 stock.adobe.com/Manfred Richter, S. 80/3 stock.adobe.com/Aggi Schmid

**www.cornelsen.de**

1. Auflage, 1. Druck 2023

Alle Drucke dieser Auflage sind inhaltlich unverändert und können im Unterricht nebeneinander verwendet werden.

© 2023 Cornelsen Verlag GmbH, Berlin

Druck: ppm Fulda GmbH & Co. KG, Fulda

ISBN 978-3-464-81207-5

# Jo-Jo 1

mit Silben lesen

Name

## Fibel
### Das kann ich schon
### Druckschrift

Cornelsen

220056871

**1**

**2**

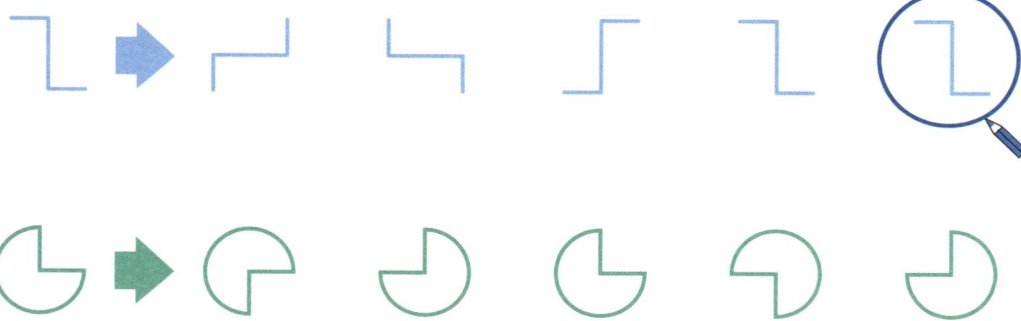

**3**

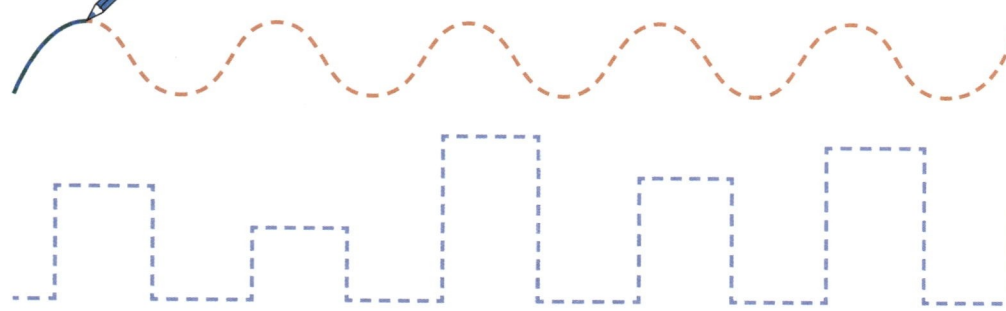

**1**

**2**

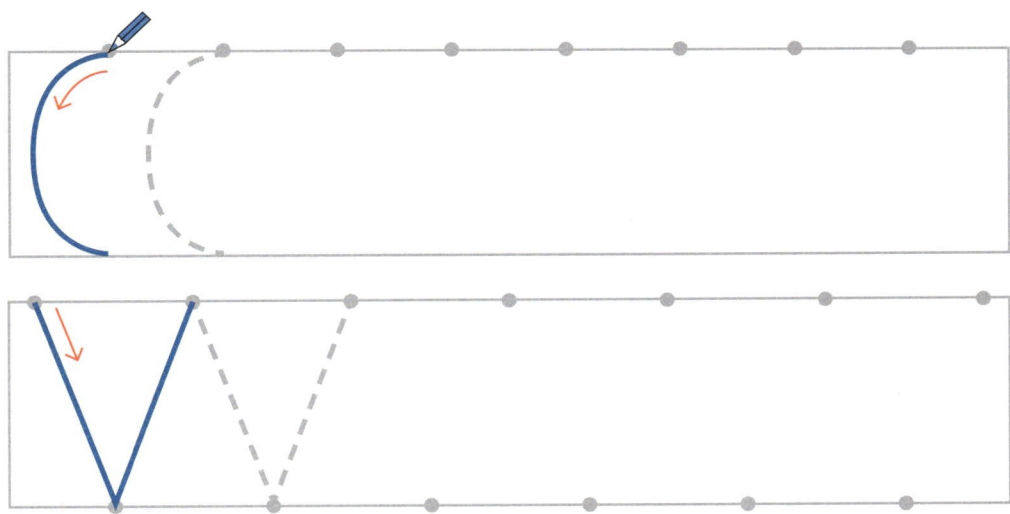

**3**

Datum: _____

**1**

| A | I | N | T | O | M |

| i | o | a | m | t | n |

**2**

**3**

Mama    Oma    Nino    Toni    Ina

Datum: _____

Datum: _____

**nach W w**

**1**

| E | e |

**2**

| Si | pel | |
| Sa | mon | |
| E | lat | **Salat** |
| Am | sel | |

**3**

○ Opa will mit Papa essen.
○ Opa will etwas lesen.

5

**1**  → a e i o u

Nino ruft Tante Lena an.

**2** Reime.

Nino

Dino

Name

Dose

Riese

**3**

N _____

**4** Was soll Ninos Husten heilen?

◯ Nudeln im Tee   ◯ roter Hustensaft

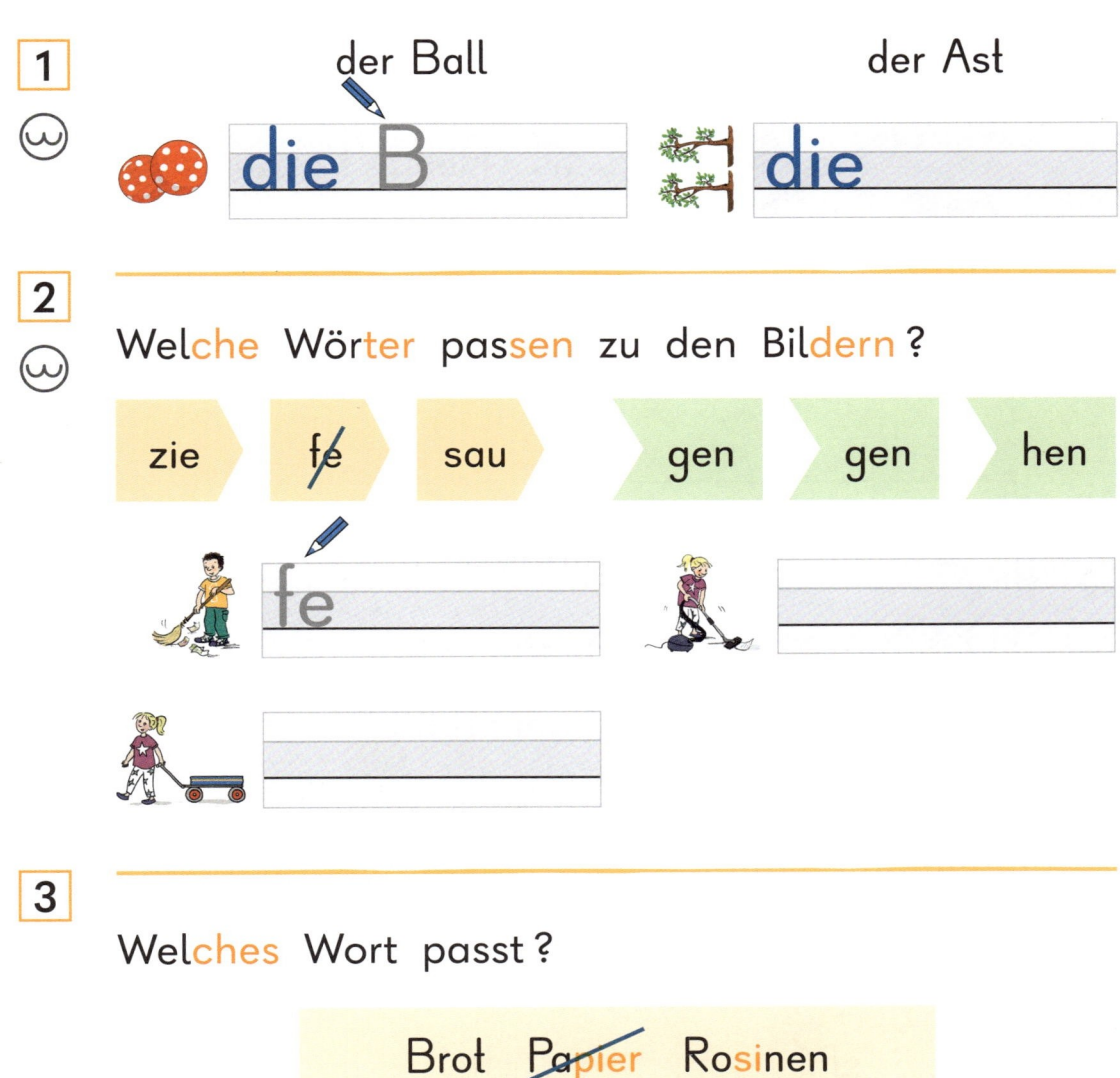

**1**

der Ball

der Ast

die B _____

die _____

**2**

Welche Wörter passen zu den Bildern?

| zie | fe | sau | gen | gen | hen |

fe _____

_____

_____

**3**

Welches Wort passt?

Brot   Papier   Rosinen

Aus P _____ kann ich einen Hut falten.

Ninas Bruder isst Käse auf dem _____ .

_____ passen prima zu Müsli.

7

**1**  der oder die oder das?

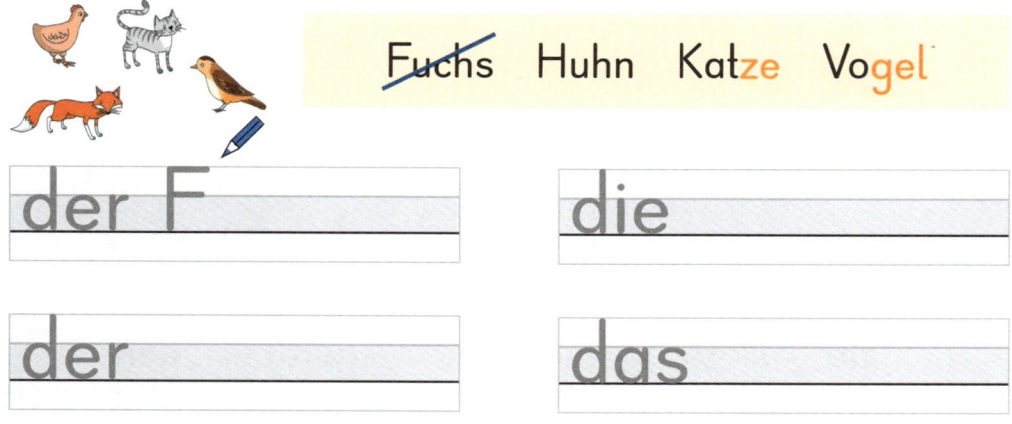

Fuchs   Huhn   Katze   Vogel

der F_____    die _____

der _____    das _____

**2**

◯ Pflanzen wachsen am besten ohne Wasser.

◯ Auf einer Geige kann man etwas vorspielen.

◯ Ein Vulkan spuckt jedes Jahr Bonbons aus.

**3**

Welches Wort passt?

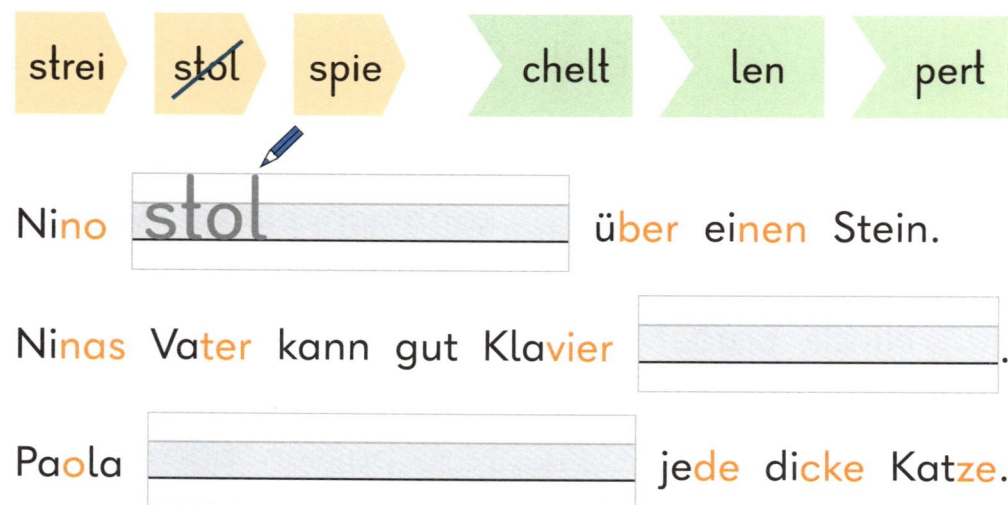

strei   stol   spie   chelt   len   pert

Nino  stol _____  über einen Stein.

Ninas Vater kann gut Klavier _____.

Paola _____ jede dicke Katze.

Datum: _____

**1** Lies zuerst diesen Text.

> Die Kinder sind in der Bücherei.
> Nina hat ein Detektiv-Buch entdeckt.
> Nino schaut sich ein Fotobuch über
> das Tauchen an.
> Leon sucht ein Buch mit Jo-Jo-Tricks.
>
> Paola lässt sich ihr Lieblingsbuch von
> der Hexe Lexa auf dem Tablet vorlesen.

**2** Was sucht Leon in der Bücherei?

**3** Schreibe etwas zu diesem Bild auf.

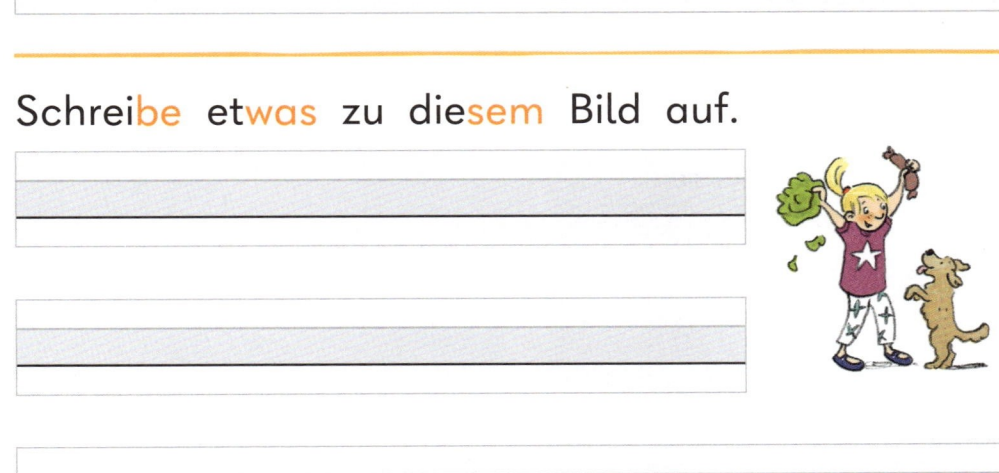

9

# Lesen

**Vorlage zum Führen individueller Kompetenzgespräche**
Auf den nachfolgenden Seiten bespricht die Lehrkraft mit jedem Kind, was es schon alles in der Schule gelernt hat.

Einschätzung der Kinder: ● leicht
● mittel
● schwer

| Lesefähigkeit erwerben | ● ● ● | Notizen |
|---|---|---|
| Laute den richtigen Buchstaben zuordnen | ○ | |
| Silben lesen | ○ | |
| Wörter lesen und verstehen | ○ | |
| Sätze lesen und verstehen | ○ | |
| kleine Texte lesen und verstehen | ○ | |

| Texterschließungs-strategien kennenlernen und anwenden | ● ● ● | Notizen |
|---|---|---|
| Informationen in kurzen Texten finden | ○ | |
| Fragen formulieren | ○ | |
| auf W-Fragen Antworten finden | ○ | |

| über Textwissen verfügen | 🟢 🟡 🔴 | Notizen |
|---|---|---|
| verschiedene kleine Texte lesen, z. B.: Geschichten, Gedichte, Sachtexte | ◯ | |
| Text nach eigenem Interesse auswählen | ◯ | |
| Titel und Autor eines Buches benennen | ◯ | |

| Texte präsentieren | 🟢 🟡 🔴 | Notizen |
|---|---|---|
| laut vorlesen | ◯ | |
| Gedicht auswendig vortragen | ◯ | |
| Kinderbuch auswählen und vorstellen | ◯ | |
| Texte szenisch gestalten | ◯ | |

# Schreiben

| Schreiben | 🟢 🟡 🔴 | Notizen |
|---|---|---|
| lesbare Buchstaben in Druckschrift schreiben | ◯ | |
| Wörter in Druckschrift schreiben | ◯ | |
| mit digitalen Schreibwerkzeugen schreiben | ◯ | |

| Richtig schreiben | 🟢 🟡 🔴 | Notizen |
|---|---|---|
| den eigenen Namen richtig schreiben | ◯ | |
| lautgetreu schreiben ⊍ | ◯ | |
| Merkwörter schreiben Ⓜ | ◯ | |
| Satzanfänge großschreiben | ◯ | |
| Nomen großschreiben | ◯ | |
| Wörter verlängern, ↪ z. B.: Hund – Hunde | ◯ | |
| Wörter ableiten, ⊕ z. B.: Apfel – Äpfel | ◯ | |
| Satzschlusszeichen (. , ?, !) setzen | ◯ | |

| Richtig schreiben | 🟢🟡🔴 | Notizen |
|---|---|---|
| Wörter und Sätze richtig abschreiben | ◯ | |
| Abschreibstrategie anwenden | ◯ | |

| Texte verfassen | 🟢🟡🔴 | Notizen |
|---|---|---|
| Schreibumgebung einrichten | ◯ | |
| etwas für mich aufschreiben, z. B.: Notizen, Einkaufszettel | ◯ | |
| etwas für andere aufschreiben, z. B.: Einladung, Steckbrief, Mail | ◯ | |
| zu Bildern schreiben | ◯ | |
| Reime ergänzen | ◯ | |
| Rückmeldungen von anderen Kindern zum eigenen Text einarbeiten | ◯ | |
| Rückmeldungen geben | ◯ | |

# Sprechen und Zuhören

| Zu und vor anderen sprechen | 🟢 🟡 🔴 | Notizen |
|---|---|---|
| Lautstärke beachten | ◯ | |
| Standardsprache verwenden | ◯ | |
| szenisches Sprechen | ◯ | |

| Mit anderen sprechen | 🟢 🟡 🔴 | Notizen |
|---|---|---|
| sich an Gesprächen beteiligen | ◯ | |
| Gesprächsregeln beachten, z. B.: Handzeichen, Blickkontakt | ◯ | |
| Bezug auf Gegenüber nehmen | ◯ | |
| die eigene Meinung äußern | ◯ | |

| Verstehend zuhören | 🟢 🟡 🔴 | Notizen |
|---|---|---|
| aufmerksam und konzentriert zuhören | ⚪ | |
| Informationen wiedergeben | ⚪ | |
| Nachfragen bei Nichtverstehen | ⚪ | |

| Sprachliche Strukturen untersuchen und nutzen | 🟢 🟡 🔴 | Notizen |
|---|---|---|
| Wörter in Silben zerlegen | ⚪ | |
| Wörter aus Silben bauen | ⚪ | |
| Selbstlaute/Silbenkönige erkennen | ⚪ | |
| Umlaute erkennen | ⚪ | |
| Nomen erkennen | ⚪ | |
| Artikel zuordnen | ⚪ | |
| Reime ergänzen | ⚪ | |

# Das kann ich schon

Datum: _____

**Das finde ich**

⬤ 🟡 🟠

|  | leicht | mittel | schwer |
|---|---|---|---|
| 1. Ich kann kurze Sätze lesen. | ◯ | ◯ | ◯ |
| 2. Ich kann Fragen stellen, wenn ich was nicht verstehe. | ◯ | ◯ | ◯ |
| 3. Ich kann laut vorlesen. | ◯ | ◯ | ◯ |
| 4. Ich kann in Druckschrift schreiben. | ◯ | ◯ | ◯ |
| 5. Ich kann . ? ! richtig setzen. | ◯ | ◯ | ◯ |
| 6. Ich kann die 🐾 nutzen. | ◯ | ◯ | ◯ |
| 7. Ich kann Gesprächsregeln beachten. | ◯ | ◯ | ◯ |
| 8. Ich kann Silbenkönige erkennen. | ◯ | ◯ | ◯ |

Erarbeitet von: Christiane Pfläging-Meyer, Nicole Namour
Redaktion: Nicole Namour, Kirsten Pauli
Illustrationen: Manuela Ostadal, Barbara Jung (Figuren S. 4, 5, 7, 9, 11, 13, 14),
Dorothee Mahnkopf (S. 1)
Umschlaggestaltung: Heike Börner, orangerie-grafikdesign
Layout und technische Umsetzung: Reemers Publishing Services GmbH

Dieses Heft ist Bestandteil des Jo-Jo Fibel Arbeitsheftes (ISBN 978-3-464-81205-1) und nicht
einzeln bestellbar.

**1**

| N | i | n | a |
|---|---|---|---|

| N | i | n | o |
|---|---|---|---|

**zu Fibelseite 2/3**
**1.** Anlautbilder den Buchstaben zuordnen; Namen mithilfe der Anlautbilder erlesen; Unterschiede am Wortende erarbeiten; Namen silbierend sprechen

3

**1**

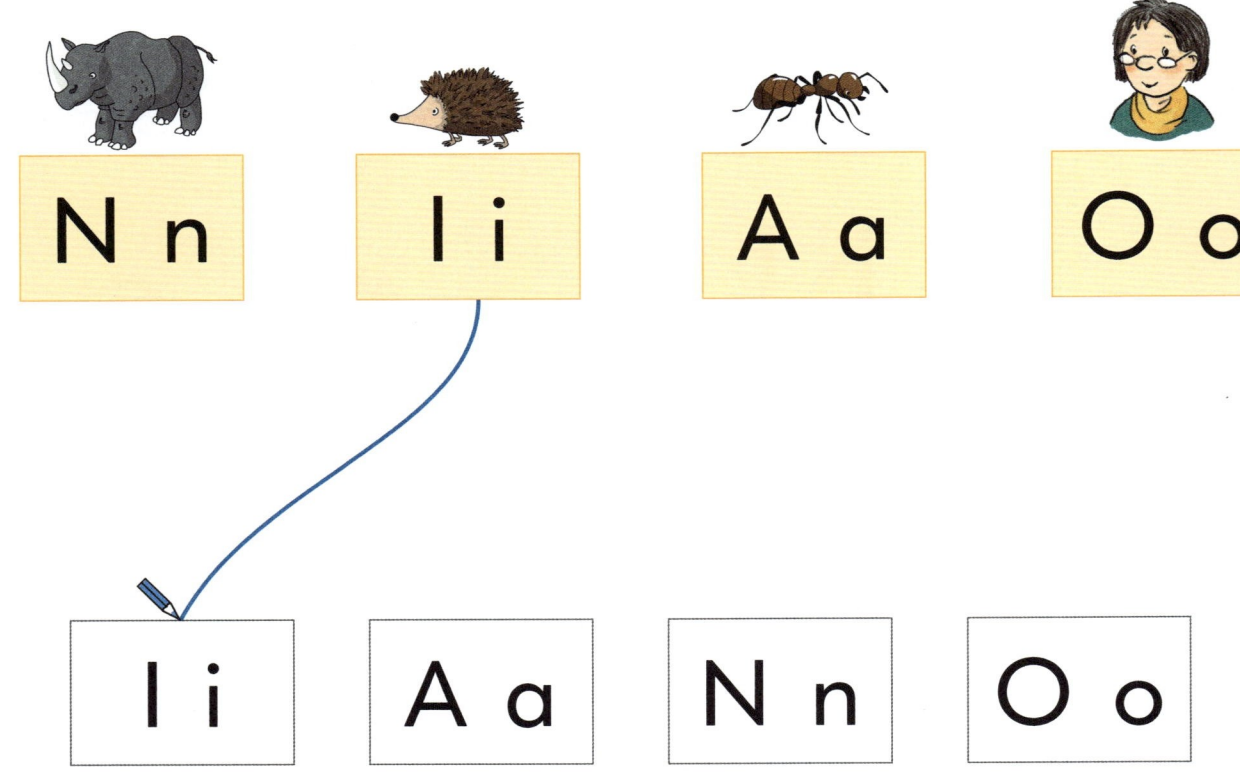

| N n | I i | A a | O o |

| I i | A a | N n | O o |

---

**2**

N i n a

_ i n a

N i n o

_ i n o

**zu Fibelseite 2/3**
1. Buchstabenbilder mit Buchstaben verbinden
2. Lückenwörter erlesen; fehlenden Buchstaben ermitteln; diesen aus den Auswahlbuchstaben auswählen und mit der Lücke verbinden

**1**

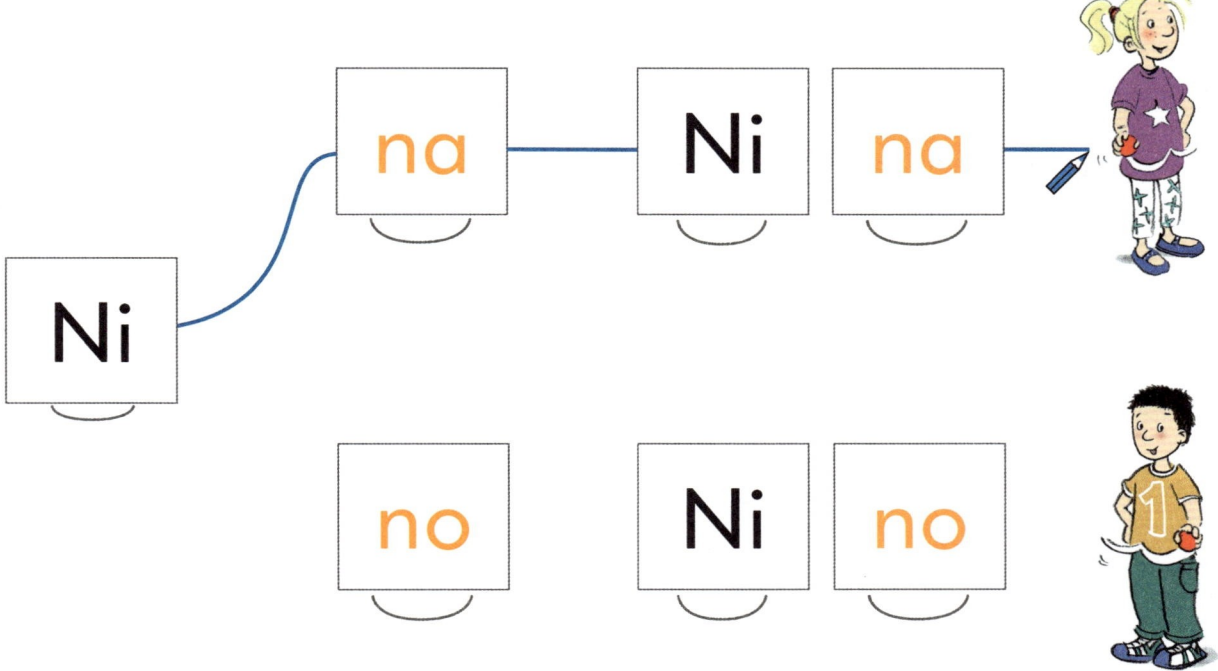

**2**

| | i | a | o |
|---|---|---|---|
| N | Ni | Na | No |
| n | ni | na | no |

zu Fibelseite 3
**1.** Silben einzeln erlesen; zueinander passende Silben und Abbildung miteinander verbinden
**2.** Einführung *Silbenteppich*: Lesart besprechen; Einführung *Silbenkönige* (mit Krone); Partnerarbeit: abwechselnd Silben laut vorlesen (senkrecht und waagerecht)

5

# N n

**1**

5

**2**

**zu Fibelseite 6/7**
**1.** Begriffe sprechen; Begriffe einkreisen, in denen ein N/n-Laut zu hören ist (5x)
**2.** Begriffe sprechschwingen; Silbenbögen nachspuren

N ⟶ N N I N A N A I

n ⟶ a n i n o i n a

**2**

③

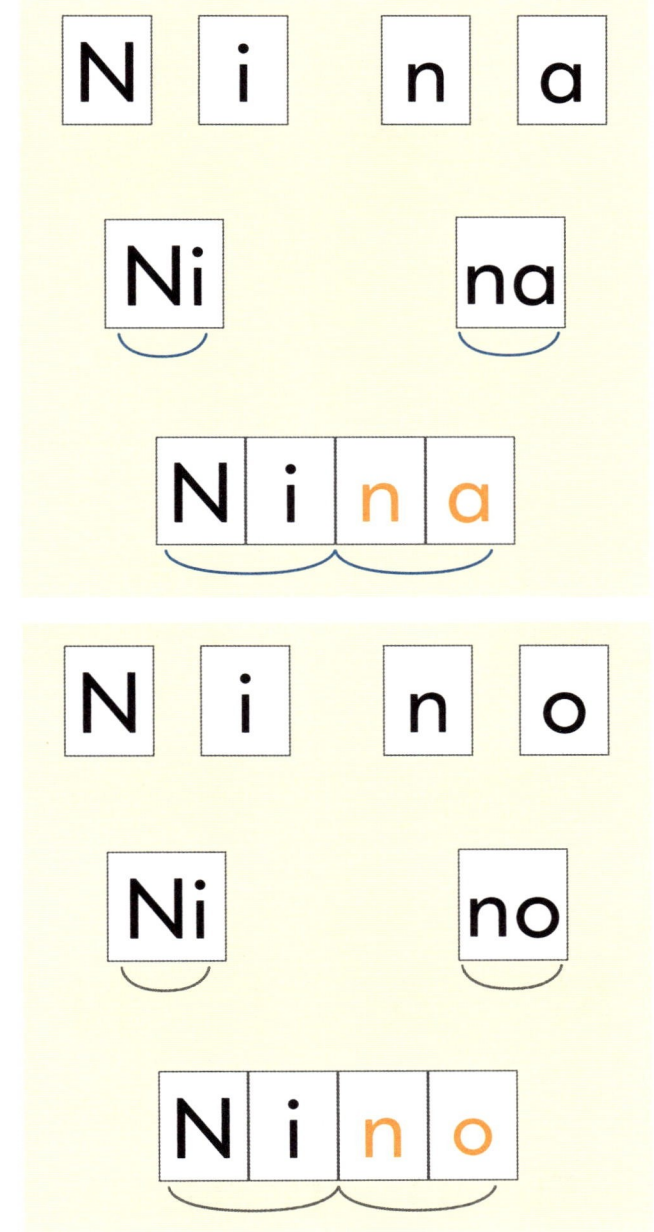

N i n a

Ni na

N i n a

N i n o

Ni no

N i n o

N i n a

N i n o

**zu Fibelseite 6/7**
1. N und n erkennen und einkreisen
2. Silben analysieren und synthetisieren: Einzellaute sprechen; Einzellaute zu Silben zusammenziehen; Silben zu Wörtern zusammenziehen; optional: Silbenbögen und Nino nachspuren

7

liiiii

**1**

6

**2**

**3**  I ➞ N **I** N A I N I

i ➞ a n i n o i n i

**zu Fibelseite 8/9**
1. Begriffe sprechen; Begriffe einkreisen, in denen der lange I/i-Laut zu hören ist (6x)
2. Begriffe sprechschwingen; Silbenbögen einzeichnen
3. I und i erkennen und einkreisen

**1**

6

**2**

 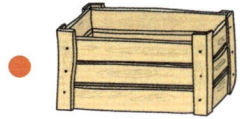 

**zu Fibelseite 8/9**
1. Begriffe sprechen; Begriffe einkreisen, in denen der kurze I/i-Laut zu hören ist (6x)
2. Begriffe sprechschwingen; Silbenbögen einzeichnen

9

Aaaa

**1**

6

**2**

**3**

A ⟶ N A N A I N A N

a ⟶ n a i n a i n a n

**zu Fibelseite 10/11**
**1.** Begriffe sprechen; Begriffe einkreisen, in denen der lange A/a-Laut zu hören ist (6x)
**2.** Begriffe sprechschwingen; Silbenbögen einzeichnen
**3.** A und a erkennen und einkreisen

  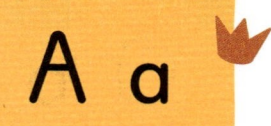

**1**

6

**2**

**zu Fibelseite 10/11**
**1.** Begriffe sprechen; Begriffe einkreisen, in denen der kurze A/a-Laut zu hören ist (6x)
**2.** Begriffe sprechschwingen; Silbenbögen einzeichnen

11

Oooo

**1**

6

**2**

**3**

O ⟶ N I N **O** N O A O

o ⟶ o n a i n o a n o l

**zu Fibelseite 12/13**
1. Begriffe sprechen; Begriffe einkreisen, in denen der lange O/o-Laut zu hören ist (6x)
2. Begriffe sprechschwingen; Silbenbögen einzeichnen
3. O und o erkennen und einkreisen

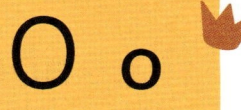

**1**

6

**2**

zu Fibelseite 12/13
1. Begriffe sprechen; Begriffe einkreisen, in denen der kurze O/o-Laut zu hören ist (6x)
2. Begriffe sprechschwingen; Silbenbögen einzeichnen

13

# Silbenbögen

**1**

  •     •

  •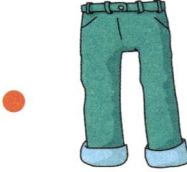

---

**2**

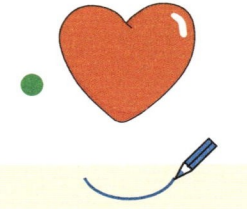  •     •

  •     •

---

**3**

    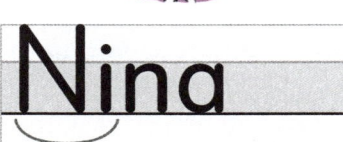    Nino

**Sonderseite *Silbenbögen*:**
1. Begriffe sprechen; Silben schwingen; Silbenanzahl ermitteln; Begriff mit passendem Silbenfeld verbinden
2. Begriffe sprechschwingen; Silbenbögen nachspuren
3. Wörter erlesen und sprechschwingen; Silbenbögen einzeichnen

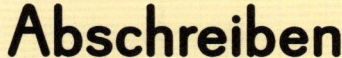

Nina

N

## So:

 1. sprechen

Nina

 2. merken

Nina

 3. schreiben

Nina

 4. prüfen

Nina

Nino

**Sonderseite Abschreiben:**
Einführung *Abschreibtechnik*: Verben (1.–4.) erlesen bzw. vorlesen lassen; Abschreibschritte und Symbol kennenlernen: 1. Sprechen (Mund) → 2. Merken
(Gedankenblase) → 3. Schreiben (Stift) → 4. Prüfen (Haken)
Bild von Nino betrachten; Namen nach den Abschreibschritten in Schreiblinie schreiben

# T t

## 1

6

## 2

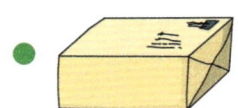

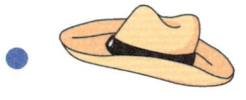

**zu Fibelseite 14/15**
1. Begriffe sprechen; Begriffe einkreisen, in denen ein T/t-Laut zu hören ist (6x)
2. Begriffe sprechschwingen; Silbenbögen einzeichnen

**1**

Toni          Anita          Nina

---

**2**

|   | o | a | i |
|---|---|---|---|
| T | To | Ta | Ti |
| n | no | na | ni |

To Ta

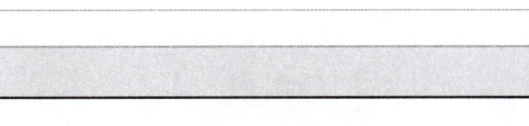

---

**3**

○ Toni in Not

○ Anita in Not

---

**zu Fibelseite 14/15**
1. Wörter erlesen und den Abbildungen zuordnen
2. Partnerarbeit: abwechselnd Silben laut vorlesen (senkrecht und waagerecht); alle Silben abschreiben
3. Einführung *Auswahlsätze ankreuzen*: Wortgruppen erlesen und zum Bild passende ankreuzen

17

# M m

**1**

6

**2**

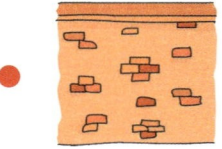

**zu Fibelseite 16/17**
**1.** Begriffe sprechen; Begriffe einkreisen, in denen ein M/m-Laut zu hören ist (6x)
**2.** Begriffe sprechschwingen; Silbenbögen einzeichnen

**1**

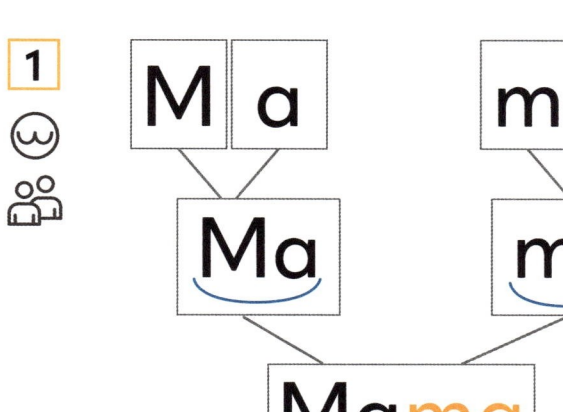

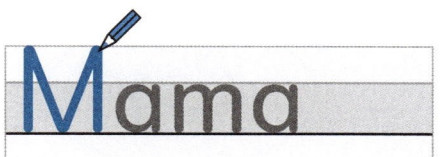

Mama

**2**

| mit | im | am |

**3**

| | o ♛ | i ♛ | a ♛ |
|---|---|---|---|
| M | Mo | Mi | Ma |
| m | mo | mi | ma |

Mo Mi

zu Fibelseite 16/17
1. Partnerarbeit: Silben analysieren und synthetisieren: Einzellaute zu Silben zusammenziehen; Silbenbögen setzen
2. Partnerarbeit: Bilder beschreiben; Präpositionen erlesen; Bilder mit den passenden Wörtern verbinden
3. Partnerarbeit: abwechselnd Silben laut vorlesen (senkrecht und waagerecht); alle Silben abschreiben

19

# L l

**1**

**6**

---

**2**

Lama      Oma      Ali

---

**3**

 →   a    i    o

Mama      Lama      Nino

**zu Fibelseite 22/23**
**1.** Begriffe sprechen; Begriffe einkreisen, in denen ein L/l-Laut zu hören ist (6x)
**2.** Wörter erlesen und den Abbildungen zuordnen
**3.** Wörter erlesen und sprechschwingen; Silbenbögen setzen; Silbenkönige benennen und rot nachspuren

**1**

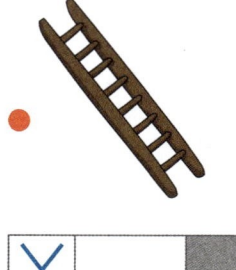   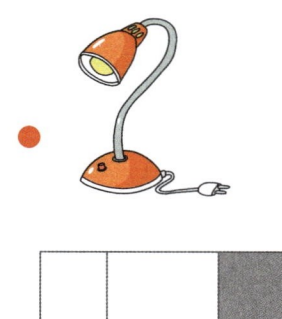

| X | | ▓ |

| | X | ▓ |

| | | ▓ |

---

**2**

○ Ali malt Lama Lola.

○ Nina malt Lama Lola.

---

**3**

| | a | o | i |
|---|---|---|---|
| L | La | Lo | Li |
| N | Na | No | Ni |

La Lo

zu Fibelseite 22/23
1. Einführung *Unterscheidung von An- und Folgelaut*: Begriffe abhören und ankreuzen, ob der L/l-Laut am Wortanfang oder später im Wort zu hören ist
2. Sätze erlesen und zum Bild passenden Satz ankreuzen
3. Partnerarbeit: abwechselnd Silben laut vorlesen (senkrecht und waagerecht); alle Silben abschreiben

21

# S s

**1**

6

**2**

Sa**la**mi          Li**sa**          Sa**la**t

**3**

 ⟶ a    i    o

Lisa

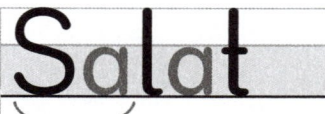
Salat

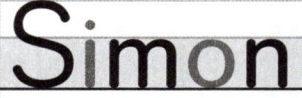
Simon

**zu Fibelseite 24/25**
**1.** Begriffe sprechen; Begriffe einkreisen, in denen ein S/s-Laut zu hören ist (6x)
**2.** Wörter erlesen und den Abbildungen zuordnen
**3.** Wörter erlesen und sprechschwingen; Silbenbögen setzen; Silbenkönige benennen und rot nachspuren

 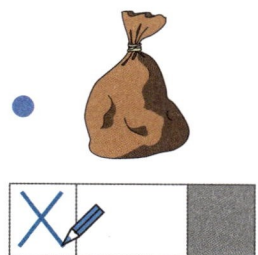 

○ Im Salat ist Salami.

○ Simon ist im Salat.

 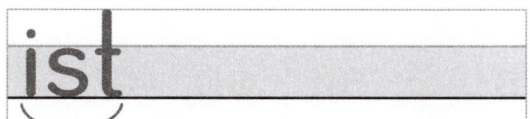 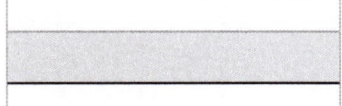

**zu Fibelseite 24/25**
1. Begriffe abhören und ankreuzen, ob der S/s-Laut am Wortanfang oder später im Wort zu hören ist
2. Sätze erlesen und zum Bild passenden Satz ankreuzen
3. Wörter abschreiben und Silbenbögen setzen

23

# E e

**1**

6

**2**

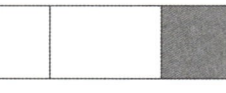

| | X | |
|---|---|---|

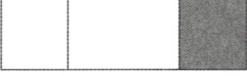

| | | |
|---|---|---|

| | | |
|---|---|---|

**3**

| |  e | 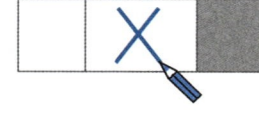 o | i | a |
|---|---|---|---|---|
| t | te | to | ti | ta |
| s | se | so | si | sa |

té to

**zu Fibelseite 30/31**
1. Begriffe sprechen; Begriffe einkreisen, in denen der lange E/e-Laut zu hören ist (6x)
2. Begriffe abhören und ankreuzen, ob der E/e-Laut am Wortanfang oder später im Wort zu hören ist
3. Partnerarbeit: abwechselnd Silben laut vorlesen (senkrecht und waagerecht); alle Silben abschreiben

**E e**

**1**

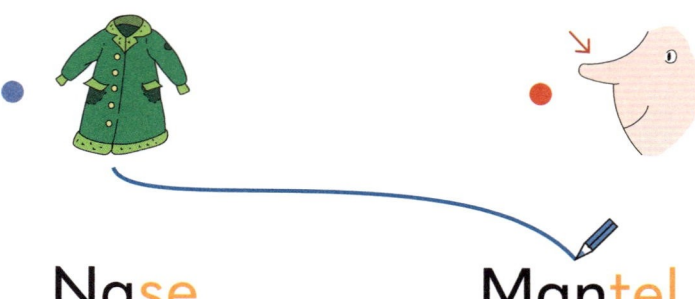

En**te**     Na**se**     Man**tel**

**2** Ma**le**:

Al**le** En**ten** es**sen** Sa**lat**.
Ni**nas** Man**tel** ist li**la**.

**3**

 ·

| En | te | **Ente** |

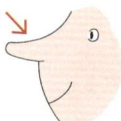

| Na | se | **Nase** |

| Son | ne | |

**zu Fibelseite 30/31**
**1.** Wörter erlesen und den Abbildungen zuordnen
**2.** Einführung *Lese-Mal-Aufgabe*: Sätze erlesen und Abbildung nach Textvorgabe ergänzen
**3.** Begriffe sprechschwingen; Abbildungen mit der passenden Silbenfolge verbinden; Wörter aufschreiben; Silbenbögen setzen

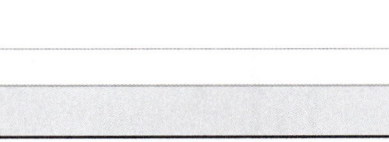 25

**E e**

**1**

le**sen**    es**sen**    ma**len**

**2** 

○ Ni**na** ist im See.
○ Ni**na** ist im Tee.

○ E**sel** me**ssen** Sa**lat**.
○ E**sel** es**sen** Sa**lat**.

**3**    → A  E  e  i

Ente    Ali    messen

**zu Fibelseite 30/31**
**1.** Wörter erlesen und den Abbildungen zuordnen
**2.** Sätze paarweise erlesen und richtige Aussage ankreuzen
**3.** Wörter erlesen und sprechschwingen; Silbenbögen setzen; Silbenkönige benennen und rot nachspuren

**1**

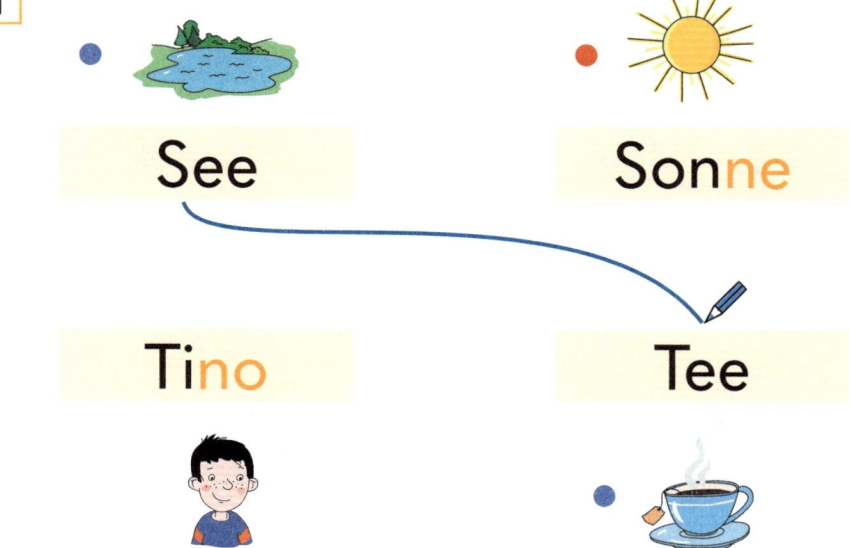

See     Sonne     Nino

Tino     Tee     Tonne

---

**2**

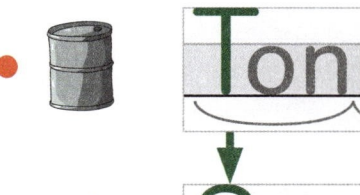

Tee → See

Tonne → Sonne

Nino → T

**zu Fibelseite 30/31**
**1.** Wörter erlesen; Reimwörter miteinander verbinden
**2.** Abbildungen benennen, sprechschwingen; Wörter erlesen und nachspuren; farbigen Buchstaben im Reimpaar austauschen und Wort aufschreiben

27

# P p

**1** 6

---

**2**

 ○ Lam**pe**
○ Am**pel**

 ○ Pa**pa**
○ Pa**o**la

 ○ Map**pe**
○ Am**pel**

 ○ Lip**pen**
○ Lap**pen**

 ○ Pin**sel**
○ Pal**me**

 ○ O**pa**
○ O**ma**

---

**zu Fibelseite 32/33**
**1.** Begriffe sprechen; Begriffe einkreisen, in denen ein P/p-Laut zu hören ist (6x)
**2.** Wörter erlesen und zum Bild passendes Nomen ankreuzen

**1**

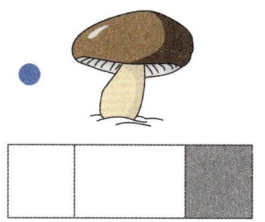
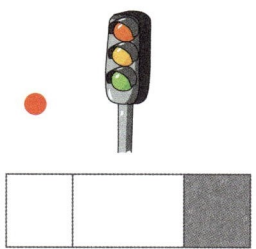

**2**

○ Im Sessel ist Papa.
○ Im Sessel ist Opa.

○ Paola malt Lampen.
○ Paola malt Polli.

**3**

Pinsel   Post   Papa

Pinsel

**zu Fibelseite 32/33**
**1.** Begriffe abhören und ankreuzen, ob der P/p-Laut am Wortanfang oder später im Wort zu hören ist
**2.** Sätze erlesen und zum Bild passenden Satz ankreuzen
**3.** Wörter abschreiben; Silbenbögen setzen

29

# W w

**1**

6

**2**

 Wel**le**

Welle

 Welt

W

**3**

  A    a    e    i    o

Polli

Tomate

Ast

**zu Fibelseite 34/35**
**1.** Begriffe sprechen; Begriffe einkreisen, in denen ein W/w-Laut zu hören ist (6x)
**2.** Wörter erlesen und abschreiben
**3.** Wörter erlesen und sprechschwingen; Silbenbögen setzen; Silbenkönige benennen und rot nachspuren

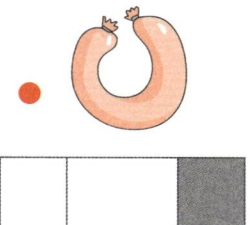

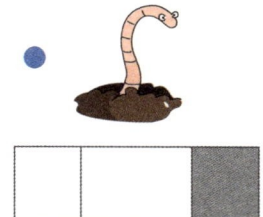

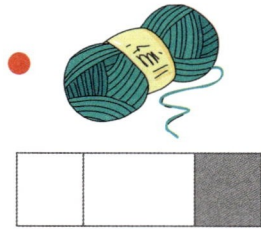

**2**

  Welle

  Tanne

  Wolle

T

**3**

wann? wem? wo?

wann?

?

?

**zu Fibelseite 34/35**
**1.** Begriffe abhören und ankreuzen, ob der W/w-Laut am Wortanfang oder später im Wort zu hören ist
**2.** Abbildungen benennen, sprechschwingen; Wörter erlesen und nachspuren; farbigen Buchstaben im Minimalpaar austauschen; Wort aufschreiben, Silbenbögen setzen
**3.** Wörter abschreiben und Silbenbögen setzen

31

# R r

**1**

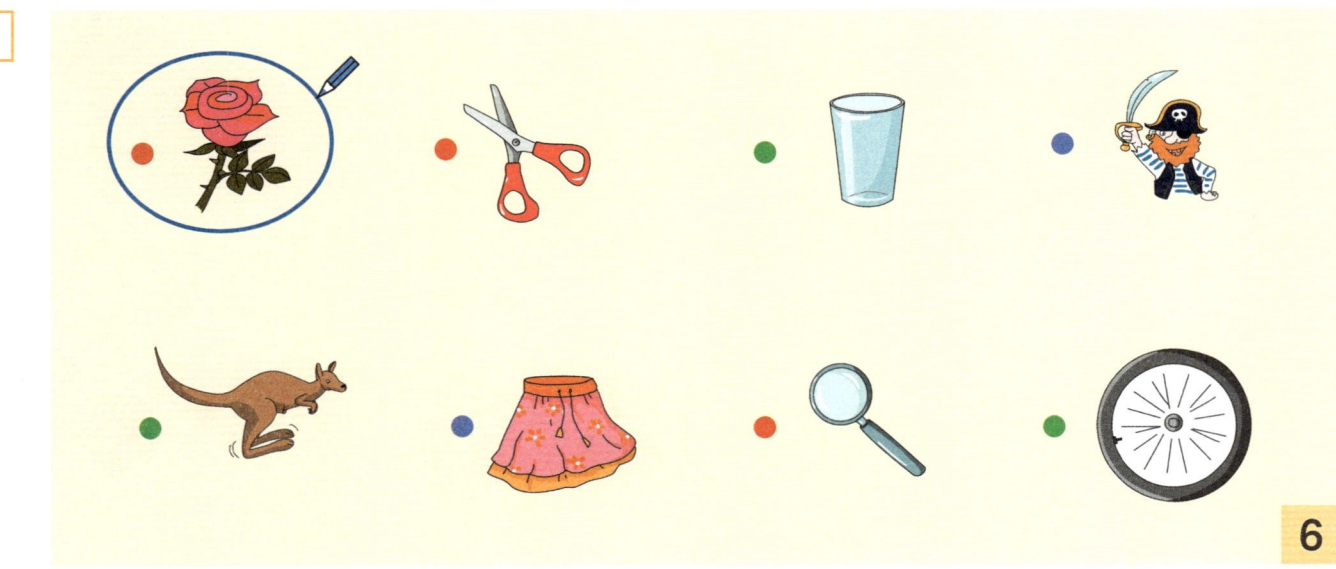

6

**2**

○ Ritter raten am Tor.

○ Piraten warten am Tor.

**3**

rennen    rollen

rennen

**zu Fibelseite 40/41**
**1.** Begriffe sprechen; Begriffe einkreisen, in denen ein R/r-Laut zu hören ist (6x)
**2.** Sätze erlesen und zum Bild passenden Satz ankreuzen
**3.** Wörter abschreiben und Silbenbögen setzen

**1**

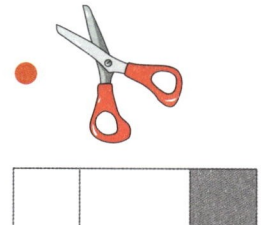

**2** Male Ritter Rolo

mit roten Rosen

im Arm.

**3**

ten   nen

ter   ser

raten

Ritter

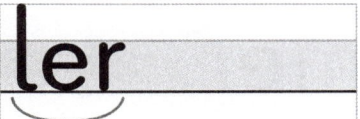
ler

Mes

**zu Fibelseite 40/41**
1. Begriffe abhören und ankreuzen, ob der R/r-Laut am Wortanfang oder später im Wort zu hören ist
2. Satz erlesen und Abbildung nach Textvorgabe ergänzen
3. Endsilben erlesen; Abbildungen benennen und sprechschwingen; passende Endsilbe ergänzen und im Kasten ausstreichen; Silbenbögen setzen

33

# Ei ei

**1**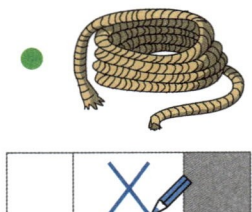

**2** Einmal will Pirat Willi

ein Eis essen.

Male Willis Eis rosa an.

**3**

eine    ein    eine

eine Rose

eine Ameise

Eimer

**zu Fibelseite 42/43**
1. Begriffe abhören und ankreuzen, ob der Ei/ei-Laut am Wortanfang oder später im Wort zu hören ist
2. alle Ei/ei einkreisen; Sätze erlesen und Abbildung nach Textvorgabe ergänzen
3. Nomen erlesen; passenden unbestimmten Artikel auswählen und dazuschreiben; Artikel im Kasten ausstreichen

**1**

| | X | |
|---|---|---|

| | | X 🖊 |
|---|---|---|

| | | |
|---|---|---|

---

**2**

Lei**ter**   Eis   Seil   ~~Ei**m**er~~

Eimer 🖊

Leiter

---

**3**

🐾   eins   lei**se**

🖊 eins

**zu Fibelseite 42/43**
**1.** Einführung *Unterscheidung von An-, In- oder Auslaut*: Begriffe abhören und ankreuzen, ob der Ei/ei-Laut am Wortanfang, im Wortinneren oder als letzter Laut zu hören ist   **2.** Einführung *Wörter zuordnen*: abgebildete Begriffe benennen; Auswahlwörter erlesen und zum passenden Bild aufschreiben; Wörter sprechschwingen
**3.** Wörter abschreiben und Silbenbögen setzen

35

# D d

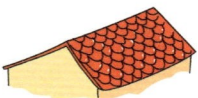

**1**

| X |  |  |

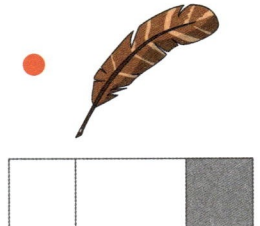

|  |  |  |

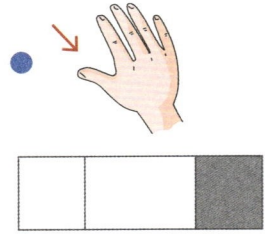

|  |  |  |

**2** Male:

Ist Paola allein?

Nein! Paola redet

mit einem Dino.

Der Dino ist rosa.

**3**

 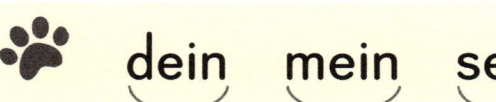  dein   mein   sein

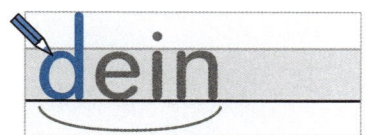

|  |

|  |

**zu Fibelseite 44/45**
**1.** Begriffe abhören und ankreuzen, ob der D/d-Laut am Wortanfang oder später im Wort zu hören ist
**2.** Sätze erlesen und Abbildung nach Textvorgabe ergänzen
**3.** Wörter abschreiben und Silbenbögen setzen

**1**

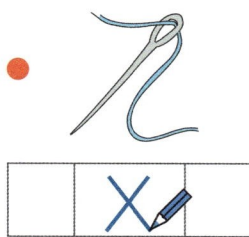      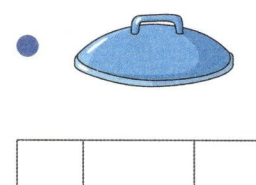

| | X | |
| --- | --- | --- |

| | | |
| --- | --- | --- |

| | | |
| --- | --- | --- |

---

**2**

Na**del**   E~~rde~~   Do**se**   Fe**der**

Erde

Feder

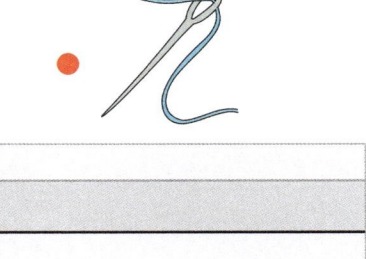

---

**3**

sind   wird   wer**den**

sind

---

**zu Fibelseite 44/45**
1. Begriffe abhören und ankreuzen, ob der D/d-Laut am Wortanfang, im Wortinneren oder als letzter Laut zu hören ist
2. *Wörter zuordnen:* abgebildete Begriffe benennen; Auswahlwörter erlesen und zum passenden Bild aufschreiben; Wörter sprechschwingen
3. Wörter abschreiben und Silbenbögen setzen

37

**1**

---

**2**

○ Nino rudert mit einer Nudel.

○ Nino rudert mit einem Ruder.

---

**3**

ein    ein    eine

 ein Pudel

 eine Nudel

 Ruder

**zu Fibelseite 50/51**
1. Begriffe abhören und ankreuzen, ob der lange U/u-Laut am Wortanfang oder später im Wort zu hören ist
2. Sätze erlesen und richtige Aussage ankreuzen
3. Nomen erlesen; passenden unbestimmten Artikel auswählen und aufschreiben; Artikel im Kasten ausstreichen

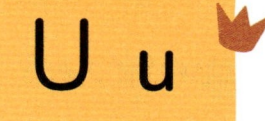
# U u

**1**

| | X | |
|---|---|---|

| | | |
|---|---|---|

| | | |
|---|---|---|

**2**

O a e i o u

Opa: Roller sind dumm!

**3** Rei**me**:

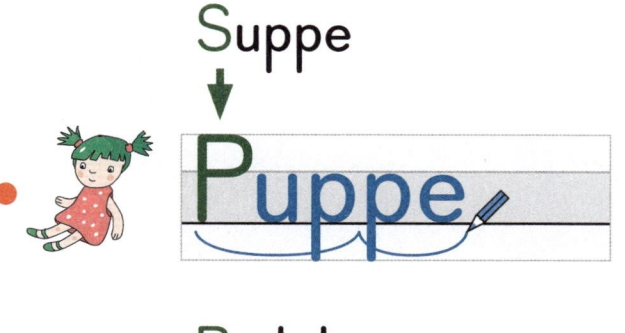

Suppe
↓
**Puppe**

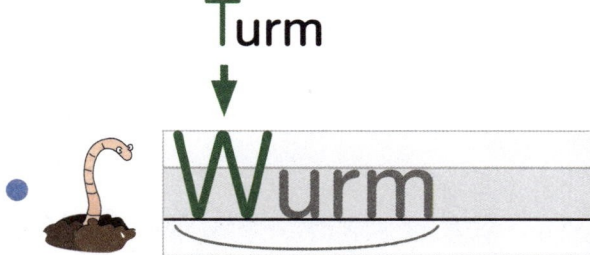

Turm
↓
**Wurm**

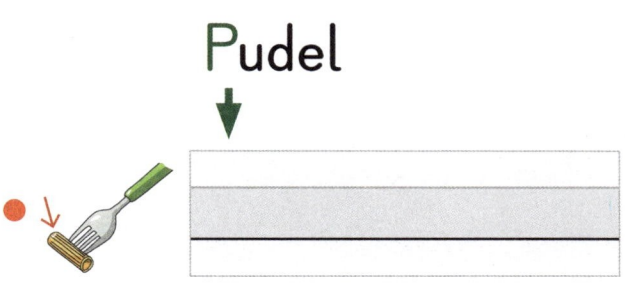

Pudel
↓

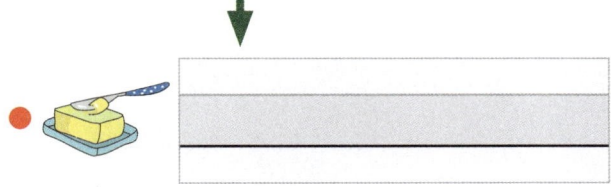

Mutter
↓

zu Fibelseite 50/51
**1.** Begriffe abhören und ankreuzen, ob der kurze U/u-Laut am Wortanfang oder später im Wort zu hören ist
**2.** Satz erlesen und sprechschwingen; Silbenbögen setzen; Silbenkönige benennen und rot nachspuren
**3.** Wörter erlesen; Abbildung von Reimwort benennen und aufschreiben; Silbenbögen setzen

39

# Satzzeichen: Frage, Aussage, Ausruf

**1**

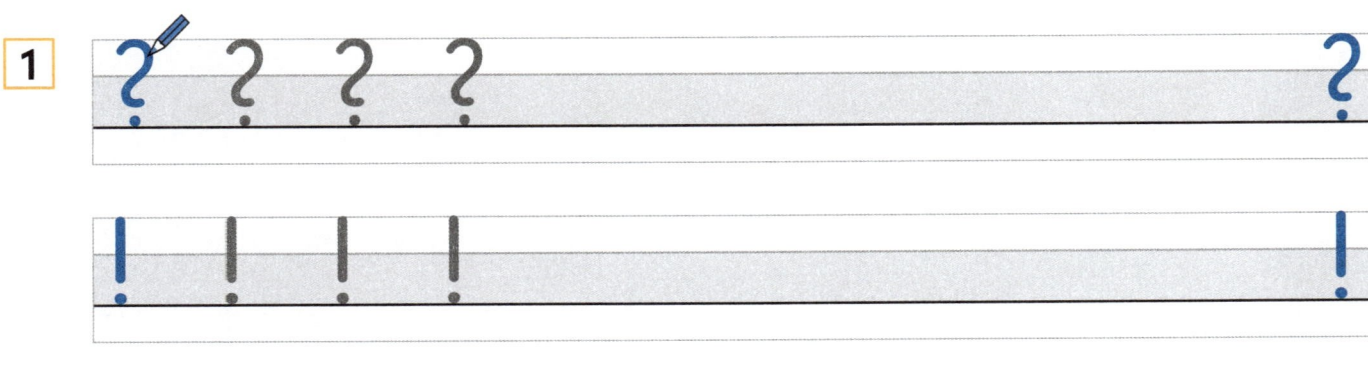

**2**

Andi reist ins All.

Wer ist dort?

Aaa, da sind Dinos!

Am Ende mit .

Andi reist ins All.

Am Ende mit ?

Wer ist dort?

Am Ende mit !

**Sonderseite Satzzeichen: Frage, Aussage, Ausruf**
1. Frage- und Ausrufezeichen in Schreiblinie schreiben
2. Sätze erlesen; Satzzeichen einkreisen; Sätze dem richtigen Satzschlusszeichen zuordnen und abschreiben

**1**

Ist Rolo ein Ritter ? ⟶ **?**

Rette Rosali ! ⟶ **!**

Rosali reitet mit Rolo. ⟶ •

Wer malt ein Lama    ?

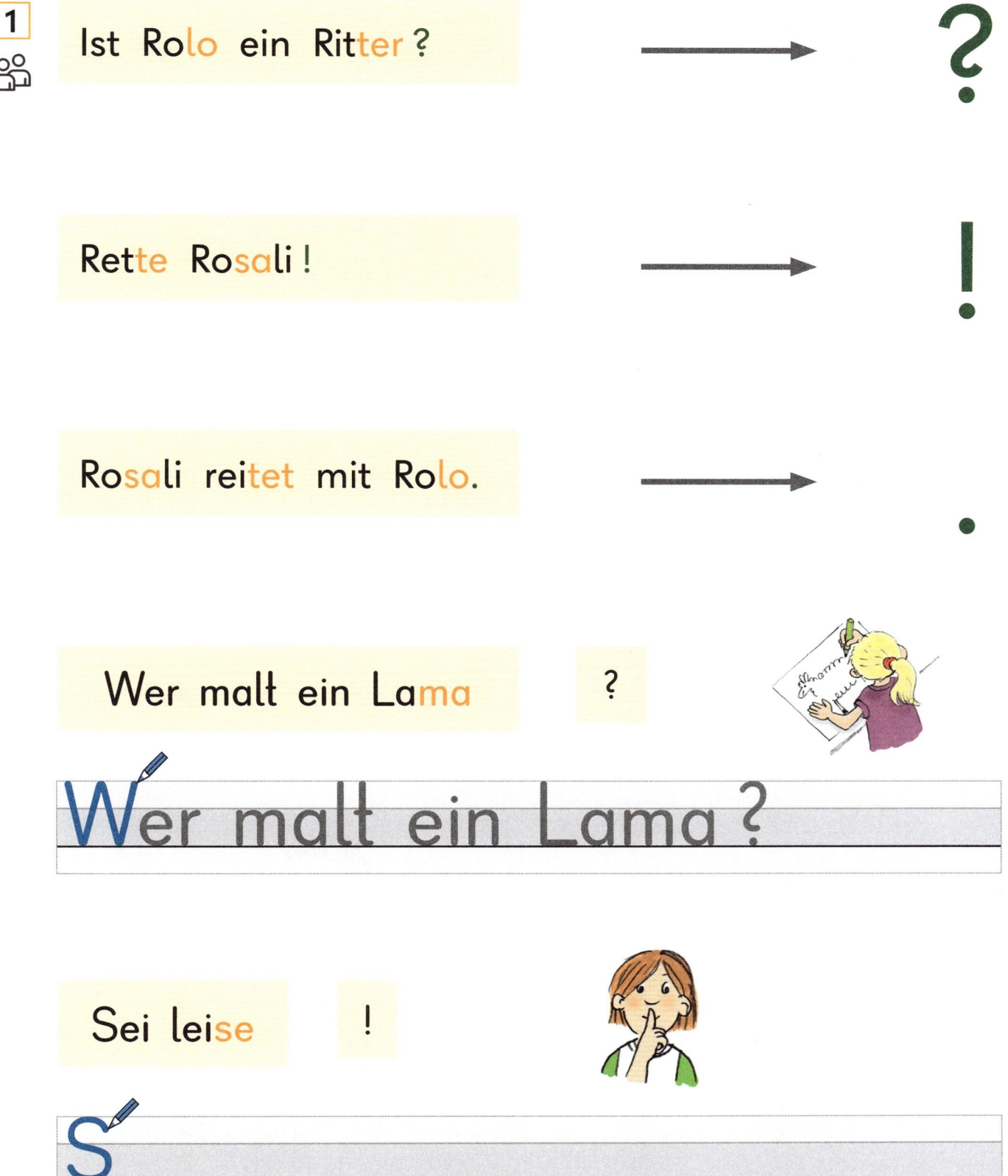

**W**er malt ein Lama ?

Sei leise    !

S

**Sonderseite Satzarten**
**1.** Klassengespräch: Sätze erlesen und sich darüber austauschen; Satzschlusszeichen benennen;
Sätze mit Satzschlusszeichen in Schreiblinien schreiben

41

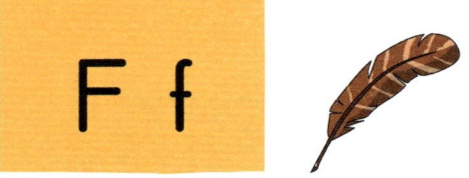

## F f

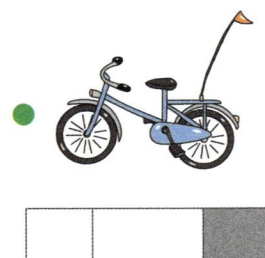

2  Male:

Nino ruft Nina an.

Er nimmt das Telefon.

**zu Fibelseite 52/53**
1. Begriffe abhören und ankreuzen, ob der F/f-Laut am Wortanfang oder später im Wort zu hören ist
2. Texte erlesen und Abbildung nach Textaussage ergänzen; Sätze abschreiben und Silbenbögen setzen

**1**

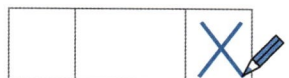

**2**

Reifen  elf  Feder  ~~Tafel~~

**3**

🐾 Feld  Fenster  Fluss  fallen

**zu Fibelseite 52/53**
1. Begriffe abhören und ankreuzen, ob der F/f-Laut am Wortanfang, im Wortinneren oder als letzter Laut zu hören ist
2. *Wörter zuordnen*: abgebildete Begriffe benennen; Auswahlwörter erlesen und zum passenden Bild aufschreiben; Wörter sprechschwingen
3. Wörter abschreiben und Silbenbögen setzen

43

 H h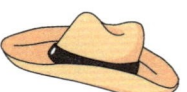

**1**

**2**

~~ein~~   ein   ei**ne**   ein   ei**ne**

 ein  Hase

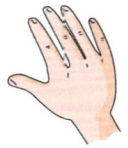 eine Hand

 Hut

 Hose

 Hund

**zu Fibelseite 54/55**
1. Begriffe abhören und ankreuzen, ob der H/h-Laut am Wortanfang oder später im Wort zu hören ist
2. Nomen erlesen; passenden unbestimmten Artikel auswählen und aufschreiben; Artikel im Kasten ausstreichen

**1**

Heft   Nashorn   Hemd   Helm

Heft

Helm

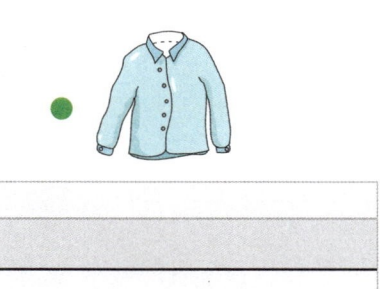

---

**2**

sehen   hat   rennen

Paola und Nino  sehen einen Film.

2 Hunde  rennen hinter

dem Hasen her. Ein Mann hilft dem

Hasen. Der Mann 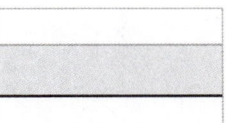 eine Wurst.

**zu Fibelseite 54/55**
1. *Wörter zuordnen*: abgebildete Begriffe benennen; Auswahlwörter erlesen und zum passenden Bild aufschreiben; Wörter sprechschwingen
2. Einführung *Lückentext*: Sätze und Auswahlwörter erlesen; Lückentext mit passenden Verben ergänzen; Silbenbögen setzen; Verben in Kasten ausstreichen

45

 **ie**  Wiese

**1** Lies und finde alle 6 ie.

Was ist denn hier los?
Nina friert.
Sie muss oft niesen.
Sie ruft: „Oma! Liest du mit mir?"

**2**

die   d̶a̶s̶   der   das

 **das** Tier

 **die** Wiese

 Riese

 Lied

1. Sätze erlesen; alle ie einkreisen
2. Nomen erlesen; passenden bestimmten Artikel auswählen und aufschreiben; Artikel im Kasten ausstreichen

Wie~~se~~   Lied   Tie**re**   Pa**pier**

Wiese ✏

Tiere

---

**2**

◯ Nina liest mit Nino.

◯ Nina niest mit Nino.

◯ Nina liest mit Nina.

Nina ✏

**zu Fibelseite 56/57**
**1.** *Wörter zuordnen*: abgebildete Begriffe benennen; Auswahlwörter erlesen und zum passenden Bild aufschreiben; Wörter sprechschwingen
**2.** Sätze erlesen und zum Bild passenden Satz ankreuzen; Satz abschreiben

47

# Z z

**1**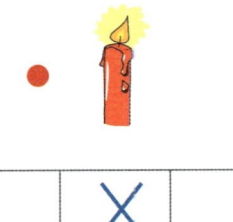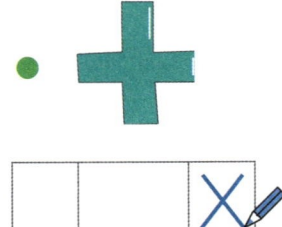

| | X | |
| --- | --- | --- |

| | | X |
| --- | --- | --- |

| | | |
| --- | --- | --- |

**2** Male eine Wiese
zum Zelt.
Male zwei Pilze dazu.

**3**

zittern

tanzen

| zit | tern |
| --- | --- |

| tan | zen |
| --- | --- |

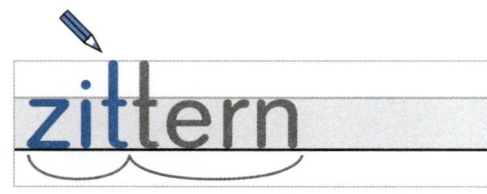

| | |
| --- | --- |
| | |

**zu Fibelseite 62/63**
**1.** Begriffe abhören und ankreuzen, ob der Z/z-Laut am Wortanfang, im Wortinneren oder als letzter Laut zu hören ist
**2.** Sätze erlesen und Abbildung nach Textaussagen ergänzen   **3.** Abbildungen betrachten und Verb darunter erlesen; Einzelsilben erlesen und Anfangssilbe mit Endsilbe synthetisieren; Verb in Schreibzeile schreiben; Silbenbögen setzen

**1**

Herz   Salz   ~~Pilz~~   Zelt

 Pilz     Herz

---

**2**

○ Nina zeltet mit Jojo.

○ Am Zeh ist ein Zettel.

---

**3**
    Ziel Pizza   Ziel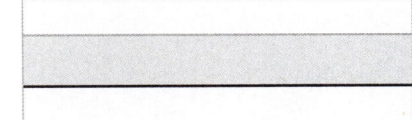

zu Fibelseite 62/63
1. *Wörter zuordnen*: abgebildete Begriffe benennen; Auswahlwörter erlesen und zum passenden Bild aufschreiben; Wörter sprechschwingen
2. Sätze erlesen und zum Bild passenden Satz ankreuzen; Satz abschreiben
3. Wörter abschreiben und Silbenbögen setzen

49

# B b

**1**

**2** Male alle b an.

5-mal b!

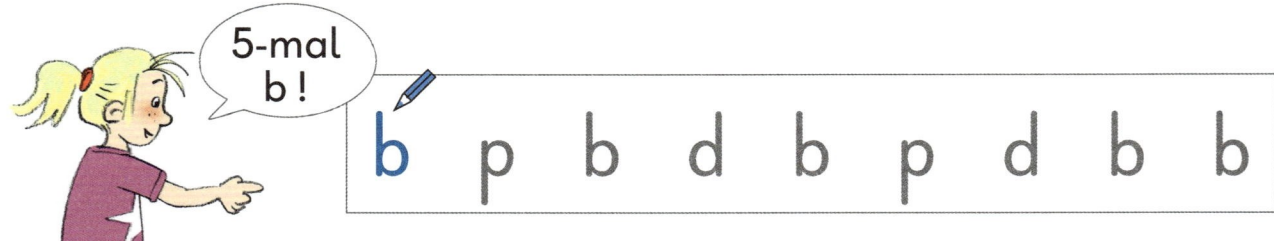

**3** Male:

Bald ist es Abend.
Die Sonne ist rot.
Der Himmel wird
oben lila.

zu Fibelseite 64/65
1. Begriffe abhören und ankreuzen, ob der B/b-Laut am Wortanfang, im Wortinneren oder als letzter Laut zu hören ist
2. kleines b optisch diskriminieren und nachspuren
3. Sätze erlesen und Abbildung nach Textaussagen ergänzen

Brot ~~Rabe~~ Biber Brief

 Rabe  Brief

---

~~bleiben~~ braten haben

Nina will im Bett **bleiben** .

Mama will Leon ein Ei **braten** .

Leon will aber ein Brot _____ .

---

 Biene Birne Brief

 Biene

---

**zu Fibelseite 64/65**
1. *Wörter zuordnen*: abgebildete Begriffe benennen; Auswahlwörter erlesen und zum passenden Bild aufschreiben; Wörter sprechschwingen
2. Sätze und Auswahlwörter erlesen; Lückentext mit passenden Verben ergänzen; Silbenbögen setzen; Verben in Kasten ausstreichen
3. Wörter abschreiben und Silbenbögen setzen

 51

# Ch ch

 Buch  Milch

**1** Lies und finde 1 (Ch) und 4 (ch).

Nino und Leon lesen ein Buch.
Nina liest: „Wenn in China Nacht ist,
ist es bei uns noch hell."
Leon wundert sich: „Bist du sicher?"

**2** der oder die oder das

 ch wie in Buch

 ch wie in Milch

 das Buch

 das Licht

 Nacht

 Teppich

**3**

 Drache   Fach   durch

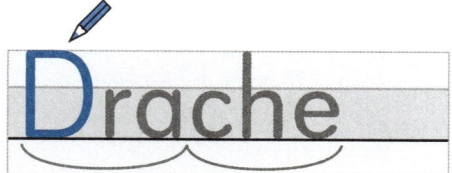 Drache

**zu Fibelseite 66/67**
1. Sätze erlesen; alle Ch/ch einkreisen
2. Nomen erlesen; bestimmten Artikel zuordnen und aufschreiben
3. Wörter abschreiben und Silbenbögen setzen

**1** Dreimal  und einmal ✏

| | | | | | |
|---|---|---|---|---|---|
| ⚀ | Leon | ⚀ | liest | ⚀ | in einem Buch. |
| ⚁ | Nino | ⚁ | lacht | ⚁ | mit der Familie. |
| ⚂ | Nina | ⚂ | rudert | ⚂ | in einem Teich. |
| ⚃ | Polli | ⚃ | tobt | ⚃ | unter dem Teppich. |
| ⚄ | Papa | ⚄ | arbeitet | ⚄ | oft in der Nacht. |
| ⚅ | Mama | ⚅ | turnt | ⚅ | mit einem Pulli. |

**2** lachen                    machen

ich         ich mache

er lacht        sie

wir lachen        wir

**zu Fibelseite 66/67**
1. Partnerarbeit: Einführung *Würfelsätze*: Satzteile einzeln erlesen; Satzteile würfeln und entstehende Sätze erlesen; einen Satz aufschreiben
2. Verben in der Grundform erlesen; gleiche Verben in die 1. und 3. Person Singular sowie 1. Person Plural setzen und aufschreiben; Silbenbögen setzen

53

# Artikel: der, die, das

**1**

der • • •

die • • •

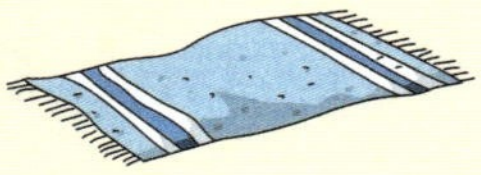

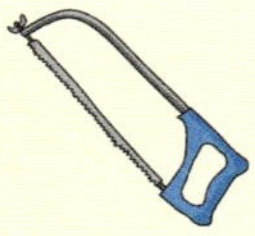

das • • •

---

**2**

• Lied  • Insel

• Pulli  der  • Brief

die

• Biene  das  • Dach

---

**3**

der  ~~die~~  die  das

• die Hose  • der Brief

• d___ Zelt  • d___ Biene

---

**Sonderseite Artikel: der, die, das**
**1.** Artikel nacheinander erlesen; Begriffe ohne und mit Artikel benennen; Begriff, zu dem der Artikel in der Zeile nicht passt, ausstreichen
**2.** Nomen und Artikel erlesen; jedes Wort mit dem richtigen bestimmten Artikel verbinden
**3.** Begriffe benennen; Begriffe mit bestimmtem Artikel in die Schreibzeilen schreiben; geschriebenen Artikel ausstreichen

1. Betrachte zuerst nur das Bild.

So sehen wir die Sonne am Himmel.
Zuerst ist sie
am Horizont
im Osten zu sehen.
Am Abend findet

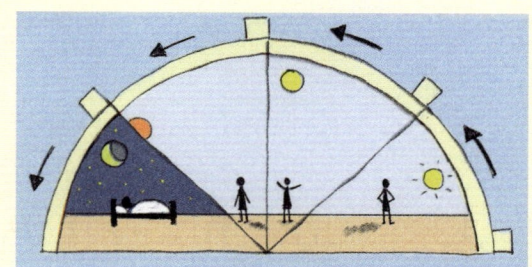

man die Sonne dann im Westen.

2. Lies dann in Ruhe.

3. Ist dir ein Wort fremd?
   Male es an.

4. 

Was ist denn
der Horizont?

Der Horizont
ist ...

5. Lies nun alles nochmal.

**Sonderseite Lesestrategie**
Partnerarbeit: Abbildung neben dem Text betrachten und darüber sprechen; Text erlesen; unbekannte Wörter im Text markieren; sich über unbekannte Wörter
austauschen, sich gegenseitig erklären, nachschlagen, nachfragen; Text erneut erlesen

# Au au

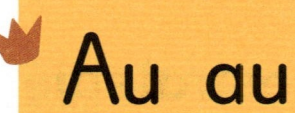 

**1**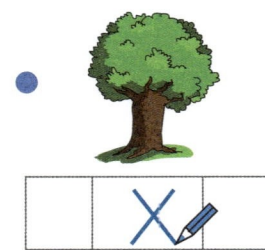

**2** Lies und finde 1 (Au) und 7 (au).

Male dazu.

Jojo baut am Zaun

einen Haufen.

Jojos Fell war mal sauber.

Nun ist es braun.

Auf dem Zaun ist eine Maus.

**3**

Frau  Auto  Baum  ~~Haus~~

 Haus

 **zu Fibelseite 72/73**
**1.** Begriffe abhören und ankreuzen, ob der Au/au-Laut am Wortanfang, im Wortinneren oder als letzter Laut zu hören ist
**2.** Sätze erlesen; alle Au/au einkreisen; Abbildung nach Textaussage ergänzen  **3.** *Wörter zuordnen:* abgebildete Begriffe benennen; Auswahlwörter erlesen und zum passenden Bild aufschreiben; Wörter sprechschwingen

**1**

| brau › chen | **brau**chen |
| lau › fen | |
| tau › chen | |

---

**2** Was passt zu dir?

○ Wenn ich einen tollen Traum habe,
will ich nicht aufwachen.

○ Ich helfe anderen.

○ Manchmal bin ich zu laut.

○ Ich liebe Ausreden.

---

**3**

 Daumen   Raupe

D

---

**zu Fibelseite 72/73**
1. Silben erlesen; vollständige Verben in Schreiblinie schreiben; Silben ausstreichen; Silbenbögen ergänzen
2. Sätze erlesen und passende Aussagen ankreuzen
3. Wörter abschreiben und Silbenbögen setzen

57

# K k

**1** Lies und finde 3 Ⓚ und 2 ⓚ.
Male dazu.

Die Kinder lachen und
kichern.
Paola klettert in den Koffer.
Sie wirft ein blaues Kissen
nach Nino.

---

**2** Reime mit K:

Liste
↓
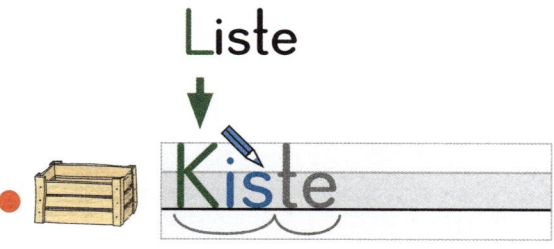
Kiste

Lamm
↓
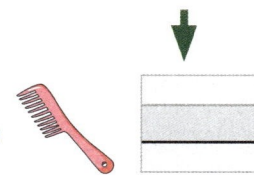

Tanne
↓
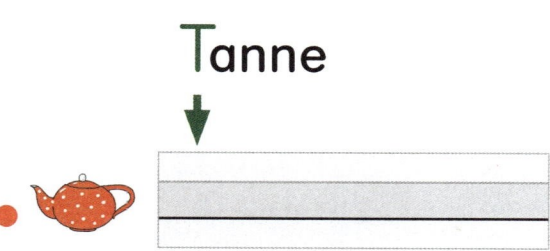

Wind
↓
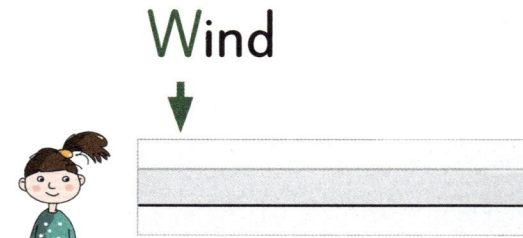

**zu Fibelseite 74/75**
1. Sätze erlesen; alle K/k einkreisen; Abbildung nach Textaussagen ergänzen
2. Wörter erlesen; Reimwort finden und aufschreiben; Silbenbögen setzen

**1**

kom~~men~~   kaufen   kochen

Simon  und  Ina  **kommen**  zu  Besuch.

Nina  und  Nino  wollen  _____ .

Deshalb  _____  sie  ein.

---

**2**  Aus  eins  mach  zwei:

Ki~~sten~~   ~~Kreise~~   ~~Kinder~~

  ein  Kreis  →   **zwei Kreise**

  eine  Kiste  →  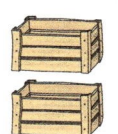 **zwei** _____

  ein  Kind  →   **zwei** _____

**zu Fibelseite 74/75**
1. Wörter erlesen; Lückensätze erlesen und jeweils passendes Verb in Schreiblinie schreiben
2. Einführung *Pluralbildung*: Begriffe mit Artikel im Singular lesen; Plural bilden und Nomen aufschreiben; Silbenbögen setzen

59

# Ö ö

## 1

Löwe    zwölf

 • L_____

• **12** _____

## 2 Aus o wird ö:

Köche    Körbe    Öfen

 ein Koch → zwei Köche

ein Korb → zwei _____

ein Ofen → zwei _____

## 3

 können    Öl

k_____          _____

**zu Fibelseite 76/77**
1. *Wörter zuordnen:* abgebildete Begriffe benennen; Auswahlwörter erlesen und zum passenden Bild aufschreiben; Wörter sprechschwingen
2. Begriffe mit Artikel im Singular lesen; Plural bilden und Nomen aufschreiben; ö rot einkreisen; Silbenbögen setzen
3. Wörter abschreiben und Silbenbögen setzen

 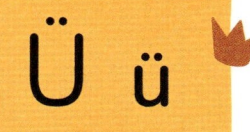
**1**

Würfel   Blüte

  W____

**2**  Aus u wird ü:

Würste   Würmer   Nüsse

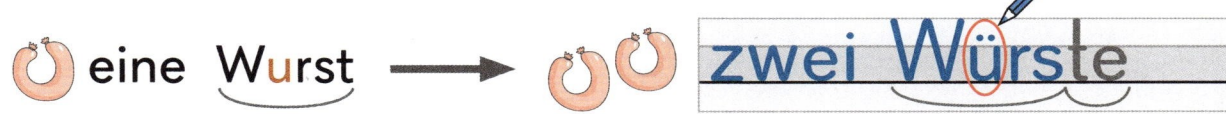
eine Wurst → zwei Würste

ein Wurm → zwei

eine Nuss → zwei

**3**

üben   dürfen

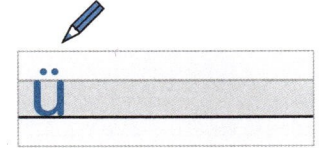  ü____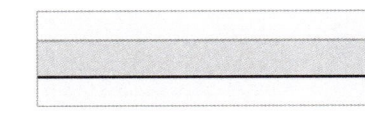

**zu Fibelseite 78/79**
1. *Wörter zuordnen*: abgebildete Begriffe benennen; Auswahlwörter erlesen und zum passenden Bild aufschreiben; Wörter sprechschwingen
2. Begriffe mit Artikel im Singular lesen; Plural bilden und Nomen aufschreiben; ü rot einkreisen; Silbenbögen setzen
3. Wörter abschreiben und Silbenbögen setzen

61

# Sch sch

**1** Lies und finde 2 (Sch) und 1 (sch).
Male dazu.

Nino bastelt Schiffe.
Auf dem Tisch ist
eine Schere.

---

**2**   die Fla – sche

 die Schu – le

---

 die Scha – fe

 die Kir – schen

---

zu Fibelseite 84/85
1. Sätze erlesen; alle Sch/sch einkreisen; Abbildung nach Textaussage ergänzen
2. abgebildete Begriffe benennen, Silben erlesen; Begriffe nochmals benennen, Nomen mit Artikeln aufschreiben; Silbenbögen setzen

**1**

 Einen Film im Kino kannst du

___anschauen___ .

| an > | schreien | ○ |
| an > | schauen | ⊗  |

Nach dem Schwimmen
sollst du dich

___ab___ .

| ab > | duschen | ○ |
| ab > | schütteln | ○ |

---

**2** Kreise ein: a e i o

die W**a**sch – m**a** – sch**i** – n**e**

___die Waschma___

die Sch**o** – k**o** – l**a** – d**e**

zu Fibelseite 84/85
1. Satzanfänge und Ergänzungen erlesen; passende Ergänzung ankreuzen und in Schreibzeile schreiben; Silbenbögen setzen
2. Silben erlesen; Begriffe benennen, Silben zusammensetzen und Wort mit Artikel aufschreiben; Silbenbögen setzen

 63

# G g

**1** Lies und finde 1 Ⓖ und 5 ⓖ.
Male dazu.

Simon und Andi
tragen gelbe Schuhe.
Andi gibt Simon
einen grünen Ball.
Da sehen sie im
Gras einen Igel.

**2**

Gemüse  ~~Gabel~~  Regen  Gespenst

• Gabel

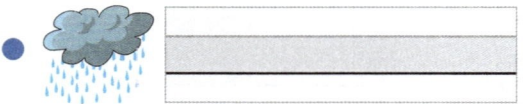

**zu Fibelseite 86/87**
1. Sätze erlesen; alle G/g einkreisen; Abbildung nach Textaussagen ergänzen
2. *Wörter zuordnen*: abgebildete Begriffe benennen; Auswahlwörter erlesen und zum passenden Bild aufschreiben; Silbenbögen setzen

**1**

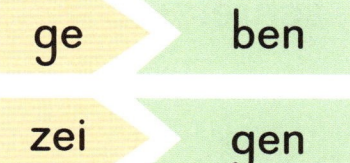
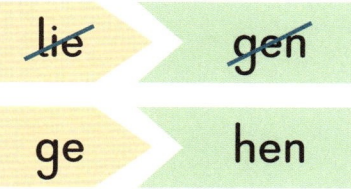

 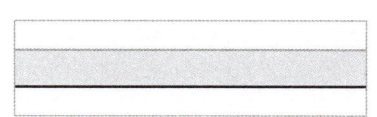

---

**2** Geld kannst du

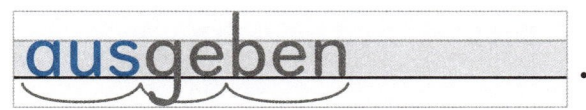 .

Ein Ge dicht kannst du

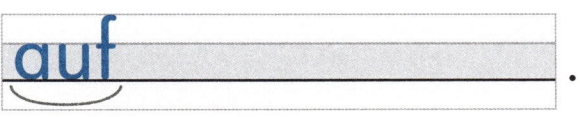 .

**zu Fibelseite 86/87**
1. Abbildungen betrachten; passende Verben aus den Einzelsilben zusammenbauen und aufschreiben; Silbenbögen setzen
2. Satzanfänge und Ergänzungen erlesen; passende Ergänzung ankreuzen und in Schreibzeile schreiben; Silbenbögen setzen

65

# Nomen

1

> Namen, Sachen und Lebewesen nennen wir Nomen.
> Nomen schreiben wir immer groß.

Tasse   Löwe   Polli

| Namen | Sachen | Lebewesen |
|-------|--------|-----------|
| Nina | Hose | Fliege |
| Jojo | Fibel | Bruder |
| Karl | Kino | Kind |
| | | |

2  Finde in den Zeilen immer drei Nomen.

Ball   zeigen   Toni   schreiben   machen   Gras

in   an   Bruder   mit   Löffel   und   Bürste

3

der   die

• d Wiese   • Tisch

**Sonderseite Nomen**
1. Kopf der Tabelle lesen; Eintragungen in der Tabelle lesen; Sprechblase lesen oder vorlesen lassen; in jeder Spalte ein Wort aus dem Kasten ergänzen
2. in jeder Zeile alle Nomen einkreisen  3. bestimmte Artikel erlesen; Abbildungen benennen; richtigen Artikel und Nomen in Schreibzeile schreiben

**1** Aus a wird ä:

Glä**ser** Bäl**le** Äs**te**

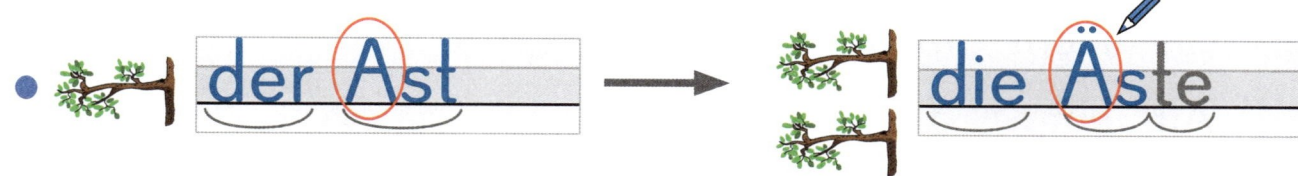

- der (A)st → die (Ä)ste
- das Gla(s) → die
- der Ball → die

**2** Drei**mal** wür**feln**

| Paola | ärgert | einen Bären mit Ästen. |
|---|---|---|
| Nina | trägt | ein Kleid mit Ärmeln. |
| Nino | wäscht | die Hände mit Seife. |
| Lara | malt | ein Bild mit Bällen. |
| Mama | sägt | Holz mit einer Säge. |
| Polli | frisst | Käse mit Käfern. |

zu Fibelseite 88/89
**1.** Pluralform mit Umlaut zu den Bildern finden; Pluralform aufschreiben; Umlaute rot einkreisen; Silbenbögen nachspuren und setzen
**2.** Partnerarbeit: Satzteile einzeln erlesen; Satzteile würfeln und entstehende Sätze erlesen

67

**1** Lies und finde 1 eh, 2 uh, 1 ih, 1 ah.
Male dazu.

Nina fehlt ein Schuh.
Sie sucht ihn im Gras.
Auf einmal findet sie
den Schuh neben dem
Löwenzahn.

---

**2** der oder die oder das

Ⓜ

Schuh Huhn Zahl Ohr Zahn Uhr

| der | der Schuh | der |
|---|---|---|

| die | die | die |
|---|---|---|

| das | das | das |
|---|---|---|

  •12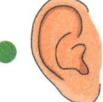

**zu Fibelseite 94/95**
1. Sätze erlesen; alle eh, uh, ih, ah einkreisen; Abbildung nach Textaussagen ergänzen
2. Auswahlwörter erlesen; bestimmten Artikel zuordnen und aufschreiben; Artikel nachspuren

üh ieh

**1**

fah ▸ ren    gäh ▸ nen    zäh ▸ len

Die Kinder **fahren** zur Mühle.

Toni und Nino _____ die Hühner.

Es sind zehn Hühner.

Es ist noch früh. Der Hahn kräht.

Alle sind fröhlich. Nur Jojo muss _____.

**2**

🐾 ihm   ihn   ihnen

ih

🐾 ihr   ihre

zu Fibelseite 94/95
1. Silben erlesen und synthetisieren; Lückensätze erlesen und jeweils passendes Verb in Schreiblinie schreiben
2. Wörter abschreiben und Silbenbögen setzen

69

# Verlängern

Manchmal liest du ...

... g, aber du hörst k: Burg

... b, aber du hörst p: Korb

... d, aber du hörst t: Mond

**1** Kreise alle 4 g ein,
die sich wie k anhören.

Nina findet Samstag und Sonntag toll.

Nino kennt den Weg auf den Berg.

---

**2** Bilde zu den Wörtern die Mehrzahl.

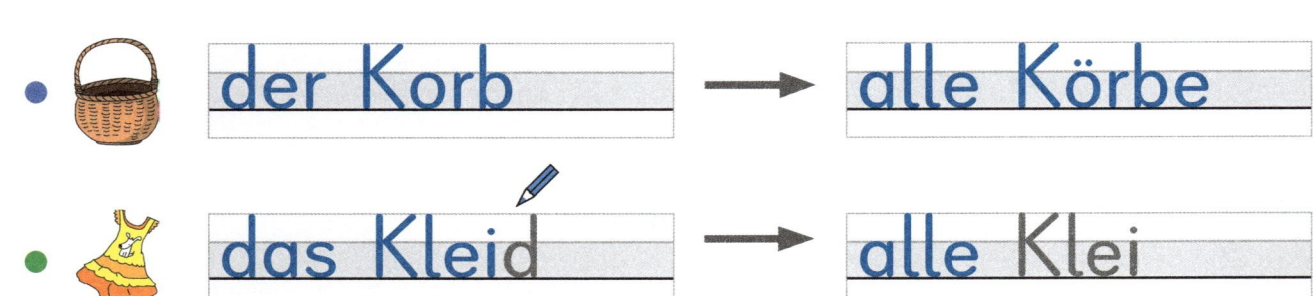

- der Korb → alle Körbe

- das Kleid → alle Klei

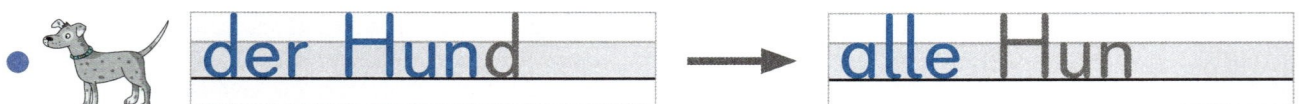

- der Hund → alle Hun

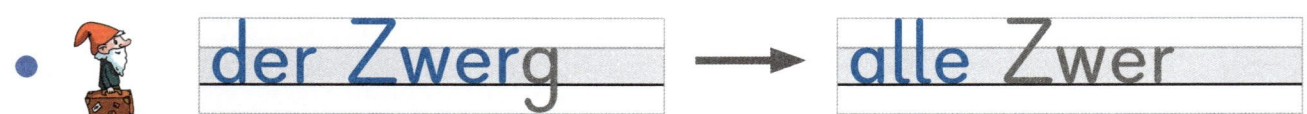

- der Zwerg → alle Zwer

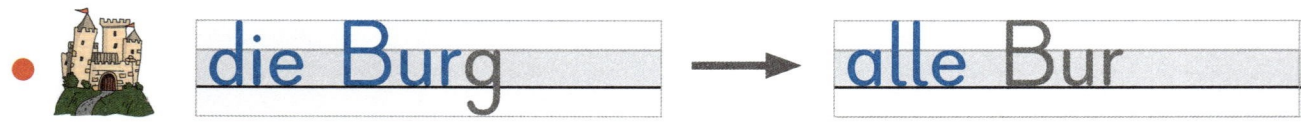

- die Burg → alle Bur

**Sonderseite Verlängern**
**1.** Sprechblase erlesen; Sätze erlesen; alle g einkreisen, die wie k klingen
**2.** Beispiel mit Mehrzahlbildung erlesen; Abbildungen betrachten und benennen; Wörter in Einzahl und Mehrzahl sprechen; Endlaut in Einzahl abhören;
Nomen in Einzahl und Mehrzahl aufschreiben

**J j**

**1** ⊠ Ein Jo-Jo ist etwas, was ...

⃝ jeder beim Judo braucht.

⃝ Paola an einer Schnur rollen lässt.

**2** Mache aus jeder Aussage eine Frage.

Aussage: Jedes Jahr hat 12 Monate .

Frage: Hat jedes Jahr 12 Monate ?

Aussage: Der Wolf jault im Wald .

Frage: Jault der Wolf im Wald?

Aussage: Jonas mag jeden Joghurt .

Frage: M

**zu Fibelseite 96/97**
1. Einleitungssatz und Auswahlergänzungen erlesen; richtige Ergänzung ankreuzen
2. Umwandlung einer Aussage in eine Frage erarbeiten; Großschreibung am Satzanfang und Satzschlusszeichen thematisieren; ein Beispiel selbstständig umwandeln

71

# Sp sp

**1** Lies und finde 1 (Sp) und 5 (sp).

Male dazu.

Spät am Abend spuken zwei Gespenster.

Die graue Maus spaziert auf die Gespenster zu.

Sie schauen die Maus gespannt an.

---

**2**

spät   spuken   Gespenster   spaziert

spät

**zu Fibelseite 102**
1. Sätze erlesen; alle Sp/sp einkreisen; Abbildung nach Textaussagen ergänzen
2. Wörter mit sp einmal aufschreiben

**1** Sprich die Wörter.

der Sport

der Spiegel

spielen

die Wespe

die Knospe

auspusten

Zu Beginn einer Silbe spricht man Sp und sp immer wie in Spinne.

**2**

◯ Nina und Nino spielen Theater.
◯ Nina und Nino spielen im Kasten.

◯ Nina spielt eine Prinzessin.
◯ Nina spielt einen Spiegel.

◯ Nino spielt ein Gespenst.
◯ Nino spielt eine Spinne.

**zu Fibelseite 102**
1. Wörter erlesen, Silbenbögen unter alle Wörter setzen
2. Sätze paarweise erlesen; richtige Aussage ankreuzen

73

# St st

**1** Lies und finde 3 (St) und 2 (st).
Male dazu.

Die Nacht war still. Der Löwe staunte: Am Himmel waren drei bunte Sterne. Da hörte er eine Stimme. Wer war zu dieser Stunde noch unterwegs?

**2**

~~still~~  staunte  Sterne  Stimme  Stunde

still

zu Fibelseite 103
1. Sätze erlesen; alle St/st einkreisen; Abbildung nach Textaussagen ergänzen
2. alle Wörter mit St oder st einmal aufschreiben

**1** Sprich die Wörter.

die Stunde

der Stuhl

stehen

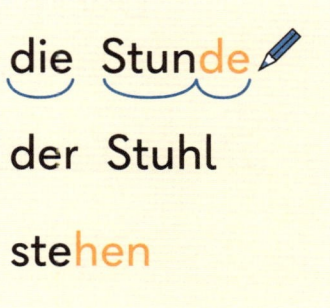

das Nest

die Taste

basteln

Zu Beginn einer Silbe spricht man St und st immer wie in Stern.

---

**2**

| | |
|---|---|
| ste | hen |
| strei | cheln |

| | |
|---|---|
| stür | zen |
| stei | gen |

 stehen

zu Fibelseite 103
1. Wörter erlesen, Silbenbögen unter alle Wörter setzen
2. Abbildungen betrachten; passende Verben aus den Einzelsilben zusammenbauen und aufschreiben; Silbenbögen setzen

75

**ck**  Sack

**1** Reime mit ck:

Rock                    Decke

 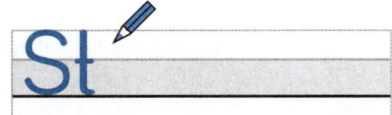     

**2**

Zu einem guten Picknick gehört ...

◯ eine dicke Schnecke.

◯ ein leckeres Essen.

**3**

backt   schmeckt   leckt

Leon  **backt**  mit Nina Kekse für ein Picknick.

Nina _____ den Teig von einem Löffel ab.

Sie ruft: „Mmmh! Das  aber gut!"

**zu Fibelseite 104/105**
1. Wörter erlesen; Reimwort finden und aufschreiben; Silbenbögen setzen
2. Einleitungssatz und Auswahlergänzungen erlesen; richtige Ergänzung ankreuzen
3. Auswahlwörter erlesen; Lückensätze erlesen und jeweils passendes Wort in Schreiblinie schreiben

**1**  Reime mit ck:

schmecken                                           kleckern

  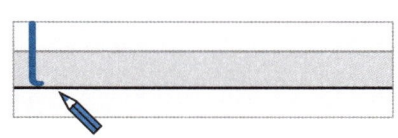 l          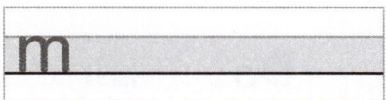 m

**2**

| aus | drücken | ◯ |  | ab | gucken | ◯ |
| aus | decken | ◯ |  | ab | lecken | ◯ |
| aus | packen | ◯ |  | ab | wecken | ◯ |

**3** Finde in der Zeile drei Nomen.

Jacke   dick   Sack   gucken   Mücke

**zu Fibelseite 104/105**
1. Wörter erlesen; Reimwort finden und aufschreiben; Silbenbögen setzen
2. Abbildungen betrachten; passendes Verb ankreuzen
3. alle Nomen in der Zeile einkreisen

77

# Pf pf

**1** Lies und finde 1 (Pf) und 3 (pf).
Male dazu.

Jojo hüpft wie wild herum.
Dabei zerbricht ein
brauner Topf.
Jojos Pfoten sind dreckig.
Er sucht seinen Futternapf.

**2** Reime mit Pf oder pf:

Kopf

T

Kanne

Pf

Seil

Pf

pflanzen

t

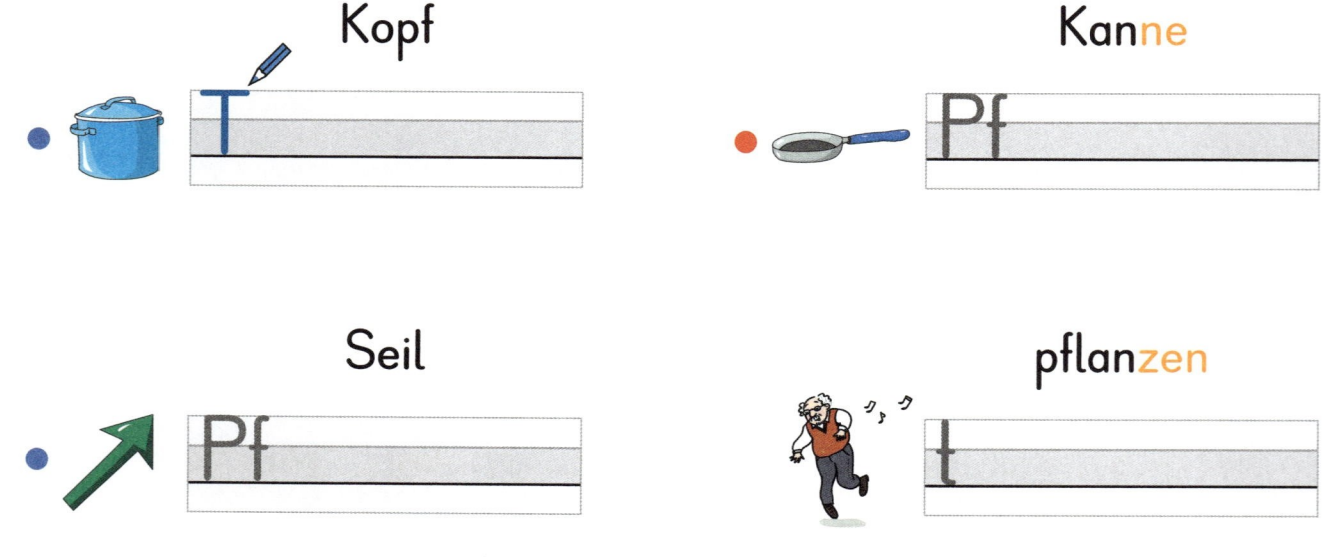

zu Fibelseite 110/111
1. Sätze erlesen; alle Pf/pf einkreisen; Abbildung nach Textaussagen ergänzen
2. Wörter erlesen; Reimwort finden und aufschreiben

Katze  **tz**

**1** Lies und finde 3 tz.
Male dazu.

Nina sieht einen Spatz
in der Sonne.
Sie holt einen
bunten Schirm als Schutz.
Nina flüstert:
„Setz dich in den Schatten."

**2** Reime mit tz:

Glatze

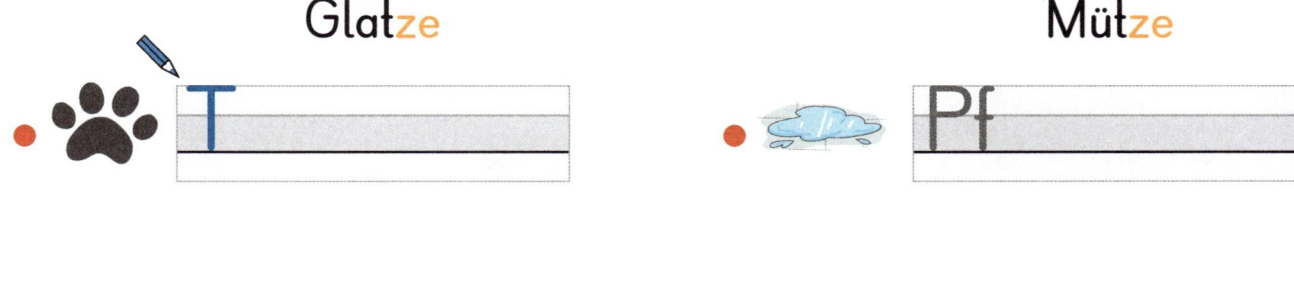 T

Mütze

Pf

schwitzen

s

nutzen

 p

zu Fibelseite 112/113
1. Sätze erlesen; alle tz einkreisen; Abbildung nach Textaussagen ergänzen
2. Wörter erlesen; Reimwort finden und aufschreiben

79

**chs**  Fuchs

**1** Lies und finde 4 chs.

Ⓜ Schreibe die Tiernamen ab.

der Luchs

der Luchs

der Dachs

der

der Fuchs

d

der Lachs

d

**2**
Ⓜ

Ochsen ➤ auge

Ochsenauge

Wiesen ➤ knopf

Käse ➤ pappel

**zu Fibelseite 114/115**
**1.** Abbildung betrachten und Tiernamen erlesen; alle chs in den Tiernamen einkreisen; Namen der Tiere mit bestimmten Artikeln in Schreibzeile abschreiben
**2.** Partnerarbeit: optional Namen der Blumen auf Fibelseite 114 nachlesen; ersten und zweiten Teil des Namens zusammenfügen; Namen neben das Foto schreiben

Man schreibt ein Wort mit ä, wenn es ein ähnliches Wort mit a gibt. Mäntel → Mantel.

**1** Oft wird aus a ein ä.

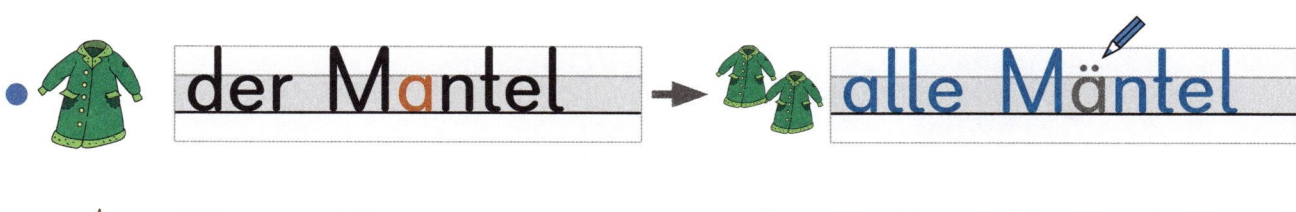

der Mantel → alle Mäntel

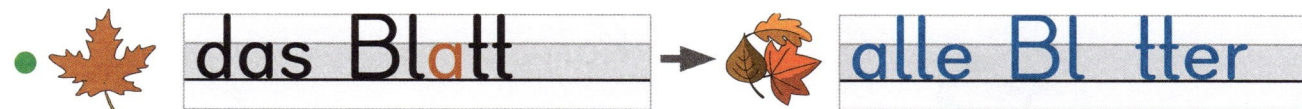

das Blatt → alle Bl tter

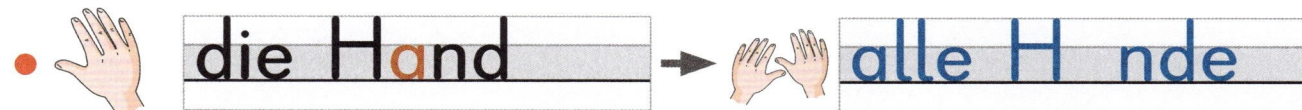

die Hand → alle H nde

**2** Finde die Paare.

Schreibe sie auf.

Zahl ~~Kamm~~ Blatt

kämmen     zählen     blättern

Kamm     •12

**Sonderseite Ableiten**
1. Sprechblase erlesen; Begriffe erlesen; Mehrzahl überlegen; fehlendes Graphem eintragen
2. Begriffe erlesen; jeden Begriff dem verwandten Wort zuordnen; verwandte Wörter in Schreibzeile schreiben

81

# V v

**1** V oder v
wie in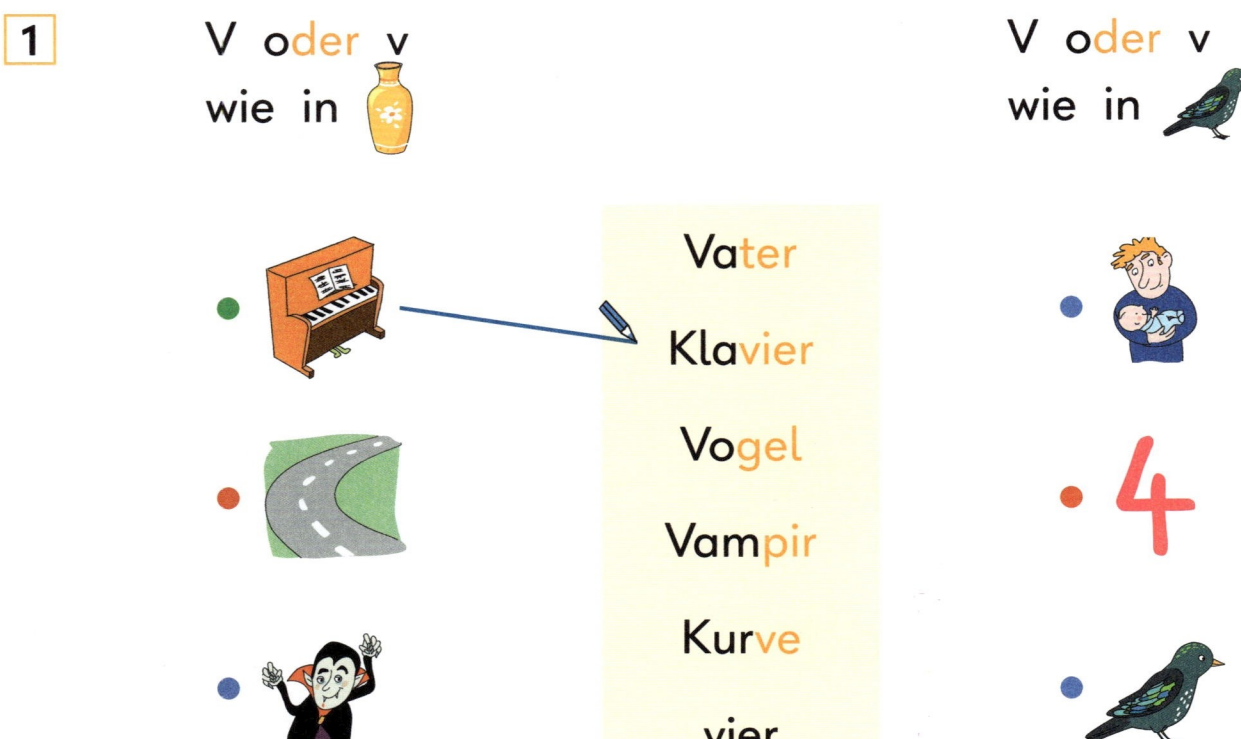

V oder v
wie in

Vater

Klavier

Vogel

Vampir

Kurve

vier

4

---

**2** Ordne die Wörter von Aufgabe 1 richtig zu.

Ⓜ

V oder v wie in

Klavier

V oder v wie in

Vater

**zu Fibelseite 116/117**
1. Begriffe erlesen und mit den passenden Abbildungen verbinden
2. Begriffe aus Aufgabe 1 nach Klang des V/v abhören; in die richtige Schreibzeile schreiben

**1** Male:

Am Himmel ist
viel Verkehr.
Vier Vögel fliegen
um den Vulkan.
Vom Vulkan steigt
Rauch auf.

---

**2** Auf einem Klavier kann man etwas ...

Ⓜ

vorspielen

| vor | zeigen | ◯ |
| vor | spielen | ⊗ |

Ein Geheimnis sollst du niemandem ...

ver

| ver | kaufen | ◯ |
| ver | raten | ◯ |

zu Fibelseite 116/117
1. Sätze erlesen; Abbildung nach Textaussagen ergänzen
2. Satzanfänge und Ergänzungen erlesen; passende Ergänzung ankreuzen und in Schreibzeile schreiben

83

# Eu eu

**1** Lies und finde 2 (Eu) und 4 (eu).
Male dazu.

Leon freut sich über
seinen neuen Laptop.
Damit schickt er
einem Freund das Foto
einer Eule.
Die Augen der Eule leuchten gelb.

**2**

freut    neuen    Freund

eu    f

**3**

Euro   Kreuz   Feuer   Eule

Euro

**zu Fibelseite 122/123**
1. Sätze erlesen; alle Eu/eu einkreisen; Abbildung nach Textaussagen ergänzen
2. Wörter mit eu in die Schreibzeile schreiben
3. *Wörter zuordnen*: abgebildete Begriffe benennen; Auswahlwörter erlesen und zum passenden Bild aufschreiben; Silbenbögen setzen

**1**

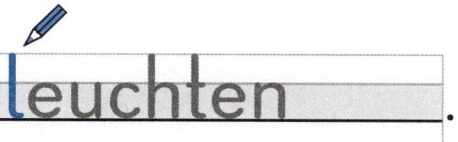 leuchten neue Zeug

Le**ons** Au**g**en 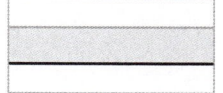 leuchten .

Er hat heu**te** mit Pa**pa** sei**ne**

E-**Mail**-A**dres**se ein**g**erich**tet**.

Ni**na** hat zu**ge**schaut und nichts

ver**stan**den.

Des**halb** hat sie ihr  ein**ge**sam**melt**

und ist in ihr Zim**mer** ge**lau**fen.

---

**2**

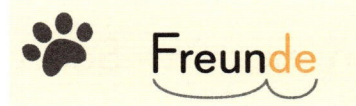 Freun**de**

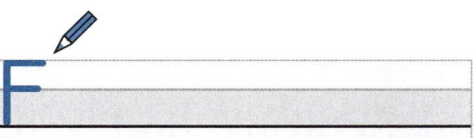 F

**zu Fibelseite 122/123**
**1.** Auswahlwörter erlesen; Lückensätze erlesen und jeweils passendes Wort in Schreiblinie schreiben
**2.** Wort abschreiben und Silbenbögen setzen

85

**nk**  Bank

**1** Reime:

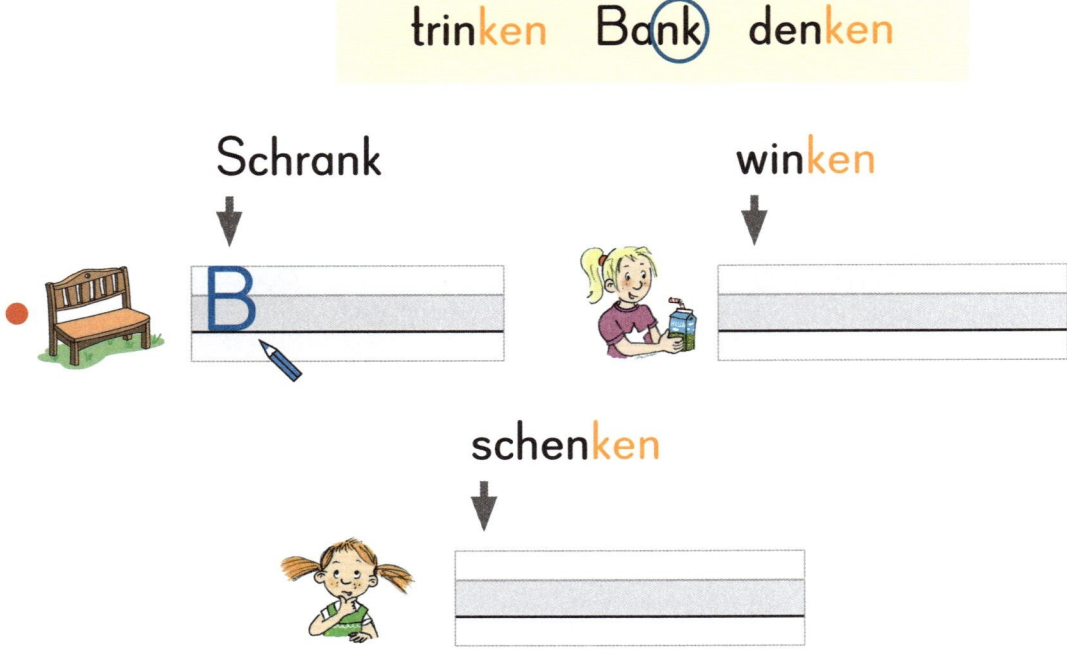

trin**ken** B**ank** den**ken**

Schrank           win**ken**

B

schen**ken**

**2**

⊘ Die En**kel** be**dan**ken sich bei O**ma**.
⊘ Die En**kel** zan**ken** sich mit O**ma**.

⊘ Saft trinkt man nur im Schrank.
⊘ Saft trinkt man aus dem Glas.

⊘ Jo**jo** liegt un**ter** der Bank und schläft.
⊘ Jo**jo** liegt im Schrank und schläft.

**zu Fibelseite 124/125**
1. Auswahlwörter erlesen und alle nk einkreisen; Reimwörter finden und untereinander in Schreibzeilen schreiben
2. Partnerarbeit: Auswahlsätze paarweise erlesen und die richtigen Aussagen ankreuzen

Ring **ng**

**1** Reime:

Ring    singen    Zunge

Ding                    Junge

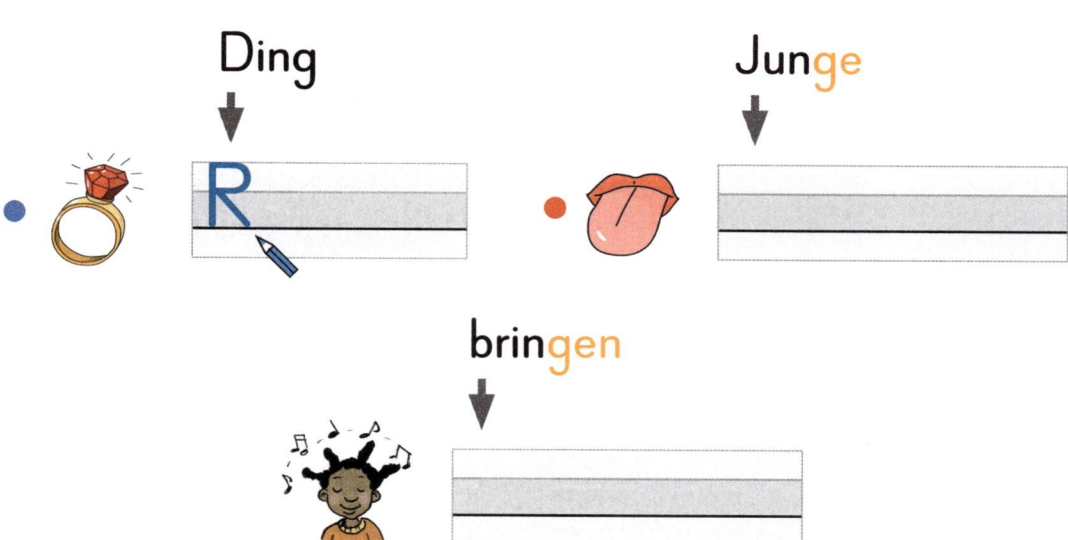

bringen

---

**2**

In meiner Freizeit ...

◯ ist mir langweilig.

◯ schaue ich lange fern.

◯ lese ich gern.

◯ verbringe ich viel Zeit am Laptop.

◯ singe ich laut.

◯ spiele ich mit Freunden in der Wohnung.

zu Fibelseite 126/127
**1.** Auswahlwörter erlesen und alle ng einkreisen; Reimwörter finden und untereinander in Schreibzeilen schreiben
**2.** Einleitungssatz und Auswahlergänzungen erlesen; passende Ergänzungen ankreuzen

87

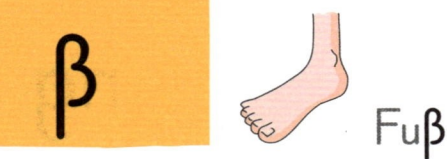 Fuß

**1**

gießen  ~~schießen~~  reißen

Mit einem Ball kannst du Tore **schießen**  .

Pflanzen musst du _____ .

Ein Seil kann manchmal _____ .

**2**

die Gießkanne    der Gruß

grüßen

der _____

gießen

_____

**3**

  fließen  Fuß  groß  weiß

f _____

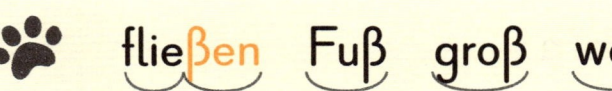

**zu Fibelseite 128/129**
1. Auswahlwörter erlesen; Lückensätze erlesen und jeweils passendes Wort in Schreiblinie schreiben; Silbenbögen setzen
2. Einführung *Wortfamilie*: Auswahlwörter zuordnen und in Schreibzeilen schreiben
3. Wörter abschreiben und Silbenbögen setzen

Yacht    Pyramide  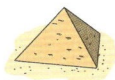   Baby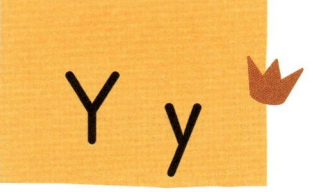

**1** Das Ypsilon kann klingen wie **J j**

  Yacht

Das Ypsilon kann klingen wie **Ü ü**

  Ypsilon

Das Ypsilon kann klingen wie **I i**

  Pony

**2** Lies und finde 3 ⓨ.

An    elena_nevio@syrakus.it

Betreff   Gruß von Nino

Liebe Tante Elena, lieber Onkel Nevio,
wie geht es euch? Ich bin gespannt,
wann endlich euer Baby geboren wird.
Dann schicke ich ihm einen Teddy.
Den hat Oma mir zu meiner Geburt
geschenkt.
Liebe Grüße, Nino

**zu Fibelseite 130/131**
1. unterschiedliche Klänge des Y/y abhören; Wörter nachspuren; Begriffe gegenseitig erklären
2. E-Mail erlesen; alle Y/y einkreisen

   89

# Verben

**1**

Diese Wörter nennen wir Verben.
Sie erklären, was jemand tut.
Verben schreiben wir klein.

sitzen   pusten   schaukeln   essen

sitzen

---

**2** Kreise die
4 Verben ein.

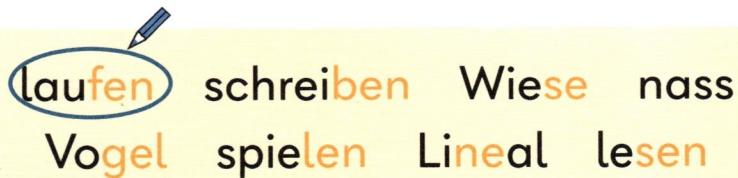

laufen   schreiben   Wiese   nass
Vogel   spielen   Lineal   lesen

---

**3**

malen

er malt

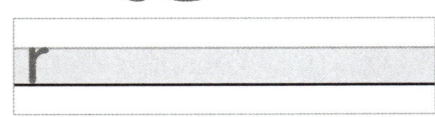

rufen

sie r

---

**Sonderseite Verben**
1. Klassengespräch: Sprechblase erlesen und besprechen; Abbildungen betrachten; Verben im gelben Kasten erlesen und zur richtigen Abbildung schreiben
2. Wörter im gelben Kasten erlesen; alle Verben einkreisen
3. Verben in der Grundform erlesen; dann in die 3. Person Einzahl setzen und nachspuren/aufschreiben

**1** Dreimal würfeln

| | | | | | | | |
|---|---|---|---|---|---|---|---|
| ⚀ | Mäuse | ⚀ | putzen | ⚀ | ihr Fell. |
| ⚁ | Bäume | ⚁ | verlieren | ⚁ | bunte Blätter. |
| ⚂ | Läuse | ⚂ | vermissen | ⚂ | schöne Bäume. |
| ⚃ | Räuber | ⚃ | verschenken | ⚃ | Ringe. |
| ⚄ | Ponys | ⚄ | fressen | ⚄ | Kräuter. |
| ⚅ | Bäuche | ⚅ | mögen | ⚅ | Klöße mit Soße. |

**2** Aus au wird äu:

Zäune M̶ä̶u̶s̶e̶ Bäume

 eine Maus →
zwei Mäuse

 ein Baum →  zwei _____

 ein Zaun →  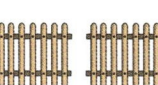 zwei _____

**zu Fibelseite 136**
**1.** Satzteile einzeln erlesen; Satzteile würfeln und entstehende Sätze erlesen
**2.** Nomen mit Artikel im Singular lesen; Plural bilden, Zahlwort nachspuren und Nomen aufschreiben; äu rot einkreisen

91

# C c

1

Das C in Creme und Clown klingt wie in Computer.

Das C in City klingt wie in Cent.

---

2

Cent   Computer   Comic   Creme

 Computer

zu Fibelseite 137
1. Sprechblasen erlesen; Wörter nach Klang des C/c abhören
2. *Wörter zuordnen*: abgebildete Begriffe benennen; Auswahlwörter erlesen und zum passenden Bild aufschreiben; Klang des C/c abhören

**1** Bringe die Bilder in die richtige Reihenfolge.

Lösungswort:

| 1 | 2 | 3 | 4 |
|---|---|---|---|
| C |   |   |   |

zu Fibelseite 137
1. Bilder anschauen und dazu erzählen; Sprechblasen lesen; Bilder in die richtige Reihenfolge bringen; beim Lösungswort die Buchstaben nach der Zahlenfolge eintragen (Lösungswort: „Cent")

93

# Qu qu

**1**

~~Qualm~~  Aquarium
Quark  Quadrat

 **Qualm**

☐

🍲

🐟

---

**2** ✗🖊

👥

1. Wie kann ein Kartenspiel heißen?
   ○ Quartett    ○ Quadrat

2. Was ist aus Milch und sehr gesund?
   ○ Qualm    ○ Quark

3. Was tun die Frösche?
   ○ sie quasseln    ○ sie quaken

---

**zu Fibelseite 142**
1. *Wörter zuordnen:* abgebildete Begriffe benennen; Auswahlwörter erlesen und zum passenden Bild aufschreiben
2. Gruppenarbeit: Quizfragen und Auswahlantworten erlesen; Lösungen überlegen, besprechen und ankreuzen

 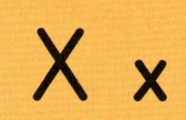

**1**

~~He~~xe   Xylophon   Mixer   Taxi

Héxe

**2**

Nun ist das Schuljahr schon zu Ende und ihr habt verflixt fix lesen gelernt. Echt super!

Lesen macht auch richtig Spaß!

Ja, und deshalb möchte ich jetzt auch in die Bücherei gehen. Dort leihe ich mir ein Tier-Lexikon aus.

zu Fibelseite 143
**1.** *Wörter zuordnen:* abgebildete Begriffe benennen; Auswahlwörter erlesen und zum passenden Bild aufschreiben
**2.** Gruppenarbeit: Sprechblasen abwechselnd erlesen

95

# Inhalt